W0094957

Bernardo Stamateas

# TOXISCHE GEFÜHLE

## Wie wir emotionale Verletzungen heilen können und inneren Frieden finden

Aus dem Spanischen von
Bettina Lemke

Ausführliche Informationen über
unsere Autoren und Bücher
www.dtv.de

Dieses Buch ist auch als eBook erhältlich.

Deutsche Erstausgabe 2015
dtv Verlagsgesellschaft mbH & Co. KG, München
© 2009 Bernardo Stamateas
© 2012 Ediciones B, Barcelona
Titel der spanischen Originalausgabe:
Emociones tóxicas.
Cómo sanar el daño emocional y ser libres para tener paz interior
Deutschsprachige Ausgabe:
© 2015 dtv Verlagsgesellschaft mbH & Co. KG, München
Das Werk ist urheberrechtlich geschützt.
Sämtliche, auch auszugsweise Verwertungen bleiben vorbehalten.
Umschlagkonzept: Balk & Brumshagen
Satz: Greiner & Reichel, Köln
Druck und Bindung: Kösel, Krugzell
Gedruckt auf säurefreiem, chlorfrei gebleichtem Papier
Printed in Germany · ISBN 978-3-423-26072-5

# Inhaltsverzeichnis

# Vorwort

Unsere Emotionen sind dazu da, um wahrgenommen zu werden, nicht jedoch, um unser Leben zu dominieren, unseren Blick zu trüben oder uns unserer Zukunft oder unserer Energie zu berauben, denn sobald das geschieht, werden sie toxisch.

Wenn wir unsere Emotionen heilen wollen, sollten wir bereit sein, uns von negativen und toxischen Gefühlen zu befreien, die uns gewiss nicht dabei helfen, eine Lösung zu finden. Dieses Buch plädiert dafür, jeder Emotion die Bedeutung beizumessen, die sie tatsächlich verdient.

So ist es zum Beispiel normal,
- wütend zu sein, wenn wir betrogen wurden, aber nicht, plötzlich alles kurz und klein zu schlagen ...
- enttäuscht zu sein, wenn wir hintergangen wurden, aber nicht, anderen Menschen nie mehr zu vertrauen ...
- sich zu schämen, wenn wir für einen Fehler zur Rechenschaft gezogen wurden, aber nicht, nie mehr ein Risiko einzugehen ...
- misstrauisch zu sein, wenn wir belogen wurden, aber nicht, grundsätzlich Vorbehalte gegenüber anderen zu haben ...
- Angst zu haben, wenn wir eingeschüchtert wurden, aber nicht, sich aus allem herauszuhalten ...
- sich abgelehnt zu fühlen, wenn jemand uns nicht liebt, aber nicht, von vornherein davon auszugehen, dass andere uns zurückweisen werden ...
- traurig zu sein, wenn wir bei etwas den Kürzeren gezogen haben oder frustriert worden sind, aber nicht, dauerhaft mutlos zu sein ...

Zu leben bedeutet, sich zu kennen. Aufgrund dieses Wissens sind wir in der Lage, eine Beziehung mit anderen und uns selbst einzugehen. Es ist ein Fehler, unsere Gefühle zu verbergen, zu unterdrücken und zu verschweigen, weil wir meinen, sie würden auf diese Weise verschwinden. Die Gefühle bleiben, allerdings sind sie in einem Gefängnis eingesperrt. Und das führt einzig und allein zu Verwirrung, Apathie und emotionalen Irritationen.

> **Emotionale Weisheit bedeutet, sich bewusst dafür zu entscheiden, wie man sich fühlen will.**

Gefühle lassen sich nicht von außen steuern, wir müssen sie vielmehr aus unserem Inneren heraus kontrollieren. Daher sollten wir auf unsere emotionale Gesundheit achten, denn so können wir vermeiden, dass unsere Gefühle toxisch werden.

– Ein Mensch mit toxischen Gefühlen will um jeden Preis geliebt werden. Emotionale Gesundheit bedeutet jedoch, nicht von anderen abhängig zu sein, um sich glücklich zu fühlen, sondern in erster Linie von der Liebe, die man sich selbst entgegenbringt.

– Ein Mensch mit toxischen Emotionen versucht mithilfe seines materiellen Besitzes von anderen akzeptiert und anerkannt zu werden. Emotional gesund zu sein bedeutet jedoch, sich selbst anzunehmen und zu erkennen, dass wir unabhängig von unserem Besitz von anderen akzeptiert werden.

– Ein Mensch mit toxischen Emotionen sucht Wertschätzung im Außen. Emotional gesund zu sein bedeutet jedoch, sich selbst wertzuschätzen.

– Ein Mensch mit toxischen Emotionen misst den Meinungen anderer eine zu große Bedeutung bei. Emotional gesund zu sein bedeutet hingegen, mithilfe motivierender

Affirmationen ein liebenswertes, positives Selbstbild zu entwickeln.

Machen Sie sich Folgendes bewusst: Egal, in welcher Situation Sie sich auch befinden mögen, das Wichtigste ist nicht, was in Ihrem Umfeld geschieht, sondern in Ihrem Inneren.

**Niemand kann eine Krise oder eine Verletzung überwinden, wenn er ständig über Ängste, Leid und Scheitern spricht.**

Die emotionale Flexibilität ist ein wichtiges Instrument, auf das wir zählen müssen. Wir sollten uns die Erlaubnis geben, uns zu irren, uns zu ärgern und zu weinen sowie empört und wütend zu sein, aber auch uns zu verzeihen, zu gesunden, uns zu erholen und wieder glücklich zu sein.

– Wir sind in der Lage, eine toxische Emotion durch positives Handeln zu verändern – und dessen müssen wir uns auch bewusst sein.
– Auch wenn es uns schwerfällt, sollten wir uns entschieden auf das ausrichten, was uns guttut und unser Wohlbefinden fördert: die Veränderung.

Sie können sich dazu entschließen, Ihre gegenwärtige Situation zu verändern, egal, wie sie auch aussehen mag. Lassen Sie nicht zu, dass die toxischen Emotionen Sie für immer begleiten! Heute könnte der Tag sein, an dem Sie eine neue Richtung einschlagen.

Sie müssen dafür nur um Ihrer selbst willen eine Entscheidung treffen. In Ihrem Leben stoßen Sie auf Probleme und Schwierigkeiten, Sie erleben unvermeidliche Situationen und Momente, an die Sie sich nicht gerne erinnern, aber all das können Sie überwinden.

Sie wurden nicht zufällig geboren, Sie sind auf der Welt, weil Sie eine Aufgabe zu erfüllen haben, weil es einen Traum gibt, der Ihren Namen trägt und auf Sie wartet.

**Aufgaben zu meistern, Liebe zu finden,**
**Glück und ein reiches, erfülltes Leben –**
**das ist Ihre Bestimmung.**

Sie sind wirklich dazu in der Lage, sich innerlich zu verändern. Und Sie stehen kurz davor. Es ist an der Zeit, diese Fähigkeit zu nutzen und davon zu profitieren.

Bernardo Stamateas

# 01 Toxische Beklemmungen

*Befreie dich von der Angst, glaube daran, dass das,*
*was geschehen soll, selbstverständlich eintreten wird.*

Facundo Cabral, argentinischer Protestsänger

Das Gefühl der Beklemmung oder Angst stellt sich ein, wenn wir eine drohende Gefahr wahrnehmen, wenn wir die Zukunft pessimistisch betrachten und uns darauf vorbereiten möchten, ihr gewachsen zu sein.

Die Angst bemächtigt sich zunächst unseres Geistes und dann unseres Körpers. So sind wir vor einer Prüfung erst einmal nervös, und dann stellen sich zum Beispiel die berühmten Kopf- oder Bauchschmerzen ein oder wir beginnen zu schwitzen.

Die normale Angstreaktion erlaubt uns, auf äußeren Druck zu reagieren. Sie wird von einer Furcht begleitet, die wir alle kennen und die uns vor einer Bedrohung oder Gefahr bewahrt. Wenn wir etwa kurz vor einer Prüfung stehen, kann die Angst uns in einen wachsamen Zustand versetzen, damit wir uns besser vorbereiten und lernen können.

Aber was geschieht, wenn wir nicht nur einen Moment der Angst erleben, sondern ständig angespannt sind? Ein übermäßig angespannter Mensch empfindet jede neue Situation, jede Veränderung, jede Herausforderung als eine Qual.

Chronische Angst wirkt toxisch. Beklemmung wird zu einem Problem, wenn dieses Gefühl sich in eine irrationale Panik vor alltäglichen Situationen verwandelt. Dann wird eine toxische Emotion daraus.

Diese Emotion kann die Ursache für Mutlosigkeit, Traurigkeit und sogar für eine Depression sein. Sie kann aber auch zum anderen Extrem führen, zu einem äußerst hektischen Leben. In beiden Fällen erwarten die Betroffenen, dass ihr Umfeld sich ihrem Rhythmus anpasst, was wiederum zu zwischenmenschlichen Problemen führt.

## 1. Woran denke ich gerade?

Führen Sie den folgenden Selbsttest durch. Überlegen Sie, wie oft Sie angesichts einer stressigen Situation in der Arbeit, vor einer Reise oder einer Prüfung Angst hatten, angespannt waren oder sich große Sorgen gemacht haben. Kommt Ihnen ein solcher Zustand bekannt vor? Wenn wir große Angst vor etwas haben, lassen wir uns schnell entmutigen und glauben möglicherweise, nichts habe einen Sinn oder lohne sich. Spüren wir diese Emotion deutlich, fällt es uns viel schwerer, unsere Ziele zu erreichen. Die Angst hindert uns daran, positive Emotionen wie Freude oder Liebe zu empfinden, und auch, das Leben in vollen Zügen zu genießen.

Falls Sie sich mit alldem identifizieren, sollten Sie sich mit dem nächsten Schritt befassen. Nun geht es darum zu erkennen, woher diese negative Angst stammt. Denn sobald Ihnen das gelingt, können Sie diesen Zustand überwinden und mit den Dingen, die Ihnen widerfahren, möglichst gut und auf die am wenigsten toxische Weise umgehen.

Zunächst werden Sie erkennen, dass alles stets im Kopf beginnt. Haben Sie Ihre Gedanken schon einmal bewusst beobachtet? Falls nicht, sollten Sie sich die Zeit nehmen, um herauszufinden, woran Sie denken und welche Dinge in der Regel dazu führen, dass Ihre Gedanken ständig um etwas kreisen. Hier ist der Schlüssel für Ihre Angst zu finden: *In Ihren Gedanken, in den Gedanken, die Ihr Geist irrtümlich als real betrachtet.* Obwohl Ihr Verstand weiß, dass sie nicht real sind, glauben Sie auf der emotionalen Ebene daran und empfinden sie somit als real.

Wenn Ihr Geist glaubt, dass etwas Schlimmes passieren wird, sendet er Angstsignale aus. Ein Sprichwort besagt: »Dass die Vögel der Sorge und des Kummers über deinem Haupt fliegen, kannst du nicht ändern. Aber dass sie Nester in deinem Haar bauen, das kannst du verhindern.« Sie sollten sich nicht mit all den Dingen belasten, die Ihnen nicht dienlich sind. Lernen Sie stattdessen, alles aus Ihrem Geist zu verbannen, was Ihre Gefühle vergiftet.

## 2. Warum bezeichnen andere mich als nervös?

*Jegliche Ähnlichkeit mit der Realität ist rein zufällig ...*

Kein Grund zur Panik. Die Nervosität ist heutzutage eine weitverbreitete toxische Emotion. Denken Sie nur einmal an Ihr tägliches Umfeld, sei es die Universität, Ihr Zuhause oder Ihre Arbeit. Wie vielen Menschen sind Sie bereits begegnet, die verzweifelt ihre Nägel kauen oder Fressattacken haben, obwohl sie eigentlich nicht hungrig sind? Sicherlich kennen Sie auch einige Menschen, die angeblich ohne klare Ursache an verschiedenen Stellen ihres Körpers unter starkem Juckreiz leiden. Die Liste ließe sich weiter fortsetzen ...

Wie viele Menschen stottern selbst in Momenten, in denen offenbar alles ruhig und unter Kontrolle ist? Manche Leute haben Haarausfall, andere leiden unter Verdauungsproblemen, wieder andere haben eine erhöhte Temperatur, schwitzen oder leiden unter Mundtrockenheit.

Häufig sagen wir »ich bin ganz ruhig«, dabei erleben wir in Wirklichkeit gar keinen Zustand der Entspannung, denn all die genannten Symptome – sofern sie keine organische Ursache haben – sind deutliche Warnsignale, die höchstwahrscheinlich auf eine vorhandene Angst hinweisen.

Wenn Sie ein sehr nervöser Mensch sind, werden nicht nur Ihr Geist und Ihre Gefühle in Mitleidenschaft gezogen, sondern auch Ihr Körper. Vielleicht kreisen die Gedanken in Ihrem Kopf um anstehende Entscheidungen, um Dinge, die Sie sagen sollten, und Sie haben sich entschieden, nichts zu sagen und abzuwarten. Möglicherweise meiden Sie bestimmte Situationen und Menschen, mit denen Sie sich eigentlich auseinandersetzen müssten. Selbst wenn wir solche Dinge negieren und verdrängen, ist sich unser Körper all dessen bewusst.

Wenn wir zu angespannt sind, versuchen wir, diese toxische Emotion zu unterdrücken und uns mit Essen, exzessiver Arbeit und – was noch schlimmer ist – mit Tabletten darüber hinwegzuhelfen.

*Wann läuten die Alarmglocken?*

Betrachten wir nun einige der häufigsten Symptome der Beklemmung:

- Angst oder Panik
- Unsicherheit
- Besorgtheit
- Düstere Vorahnungen
- Konzentrationsprobleme
- Unentschlossenheit
- Schlafstörungen
- Das Gefühl, die Kontrolle über das eigene Leben oder das Umfeld zu verlieren
- Hyperaktivität
- Interesselosigkeit
- Fahrige Bewegungen
- Stottern
- Nervöse Tics

Geht man nicht angemessen mit Beklemmungen um, können sie die Gesundheit mit der Zeit ernsthaft beeinträchtigen und zu sogenannten Angststörungen führen. Dazu gehören Panikattacken, Zwangsvorstellungen und bestimmte Phobien.

*Doppelter Alarm!*
Betrachten wir nun einige der ernsteren Symptome:

— Herzrasen
— Bluthochdruck
— Engegefühl in der Brust
— Atemnot
— Übelkeit
— Verdauungsprobleme
— Durchfall
— Verspannungen
— Kopfschmerzen
— Müdigkeit
— Starkes Schwitzen
— Impotenz
— Vorzeitiger Samenerguss

Der renommierte Baptistenpastor Charles Spurgeon hat einmal gesagt: »Ängstlichkeit nimmt nicht dem Morgen seine Sorge, aber dem Heute seine Kraft.« Ständig an die Zukunft zu denken, uns unaufhörlich Gedanken und Sorgen darüber zu machen, was sein und passieren könnte – obwohl es in der Regel nie geschieht –, zu versuchen, die Ereignisse des nächsten Tages vorherzusehen: Das zehrt uns wirklich aus. Unser Geist braucht Erholung, daher sollten wir ihm etwas Ruhe gönnen. Sobald es uns gelingt, uns zu entspannen, werden wir alles, was uns zu nervös macht, wieder unter Kontrolle haben.

## 3. Sind Anspannung und Stress dasselbe?

Wir alle brauchen einen gewissen Druck in unserem Leben. Das ist keineswegs etwas Toxisches. Ebenso wie die Saiten einer Violine gespannt sein müssen, damit sie gestimmt werden kann – bei einer zu geringen Spannung würde sie nicht klingen; wären die Saiten zu stark gespannt, würden sie reißen –, so braucht auch der Mensch eine gewisse Grundspannung.

Kommt es allerdings häufig zu plötzlichem Druck oder einem Gefühl der Anspannung oder gibt es nur wenige Stressfaktoren, die aber über einen längeren Zeitraum anhalten, beziehungsweise ist beides der Fall, geraten wir aus der Balance und fühlen uns gestresst.

Es gibt zahlreiche potenzielle Stressauslöser, etwa wenn wir eine Prüfung absolvieren müssen, wenn wir uns aufgrund des Todes eines geliebten Menschen um die Familie kümmern müssen oder auch, wenn wir jahrelang mit einem Partner zusammenleben, der kaum mit uns spricht. Darüber hinaus hängt das Stressniveau davon ab, wie lange und wie intensiv wir solche Situationen erleben.

»Einen stressigen Moment zu erleben« ist nicht dasselbe wie »gestresst zu sein«. Ersteres ist normal, unerwartet und wird durch das Umfeld hervorgerufen, während Letzteres ein toxisches Gefühl ist, das wir selbst herbeiführen, da es zu einer Gewohnheit wird und wir nicht mehr »wissen«, wie wir auf eine andere Weise leben können.

Stress entsteht, wenn die äußeren Anforderungen überhandnehmen und unser Organismus ihnen nicht mehr gewachsen ist. Es kommt zu einer Anspannung, einem physischen oder psychischen Druck, der uns aus dem Gleichgewicht bringt.

Eine über zehn Jahre laufende US-amerikanische Studie mit Personen, die ihren emotionalen Stress nicht kontrollieren konnten, hat ergeben, dass die Wahrscheinlichkeit zu sterben bei einem gestressten Menschen um 40 Prozent erhöht ist. Allein in Deutschland werden jedes Jahr millionenfach Beruhigungsmittel eingenommen.

*Zähle nicht die Tage, sondern sorge dafür, dass die Tage zählen.*

Muhammad Ali

Jedes Mal, wenn der Körper einen äußeren Reiz wahrnimmt, werden zwei Hormone ausgeschüttet: Adrenalin und Cortisol.

Das Adrenalin schenkt uns Energie und Kraft. Strömt dieses Hormon durch unseren Körper, verleiht es uns das Gefühl, unsterblich zu sein und alles erreichen zu können, was wir uns wünschen.

Diese Energie erhöht unser Tempo und unser Erregungsniveau, sie fördert unsere Entschlossenheit, unseren Enthusiasmus und schärft unseren Blick. Unterdrückt jemand monatelang Groll und Wut, erträgt er jahrelange Beschimpfungen oder gar Misshandlungen, sodass sich immer weitere Verletzungen ansammeln, werden allerdings häufig so große Mengen an Adrenalin ausgeschüttet, dass sie wie ein Gift wirken.

Cortisol ist ein gutes Hormon, aber in zu hoher Dosierung erhöht es den Blutzuckerspiegel und kann darüber hinaus zu Gewichtszunahme und zu einem Abbau von Kalzium, Magnesium und Kalium in den Knochen führen.

Menschen, die über einen langen Zeitraum großem Druck ausgesetzt waren, können davon abhängig werden, dass ihr Körper regelmäßig Adrenalin ausschüttet. Sie haben eine hohe Gewaltbereitschaft, müssen ständigen Druck verspüren, üben häufig Risikosportarten aus oder suchen körperliche Auseinandersetzungen.

Das erklärt, warum jemand, der jahrelang unter den Problemen seiner Eltern – etwa unter einem gewalttätigen Vater oder einer depressiven Mutter – gelitten hat, sich nie vollkommen entspannen kann und ständig nach einem Grund zum Streiten sucht. Denn sein Körper verlangt nach Adrenalin.

Wir reagieren alle unterschiedlich auf bestimmte Reize. Es kommt darauf an, wie wir die Dinge deuten, die uns im Leben widerfahren. Manche Menschen sind angesichts bestimmter Aufgaben gestresst, während es bei anderen in der gleichen Situation nicht der Fall ist. Obwohl der Reiz identisch ist, nehmen sie ihn unterschiedlich wahr.

## 4. Kleine Veränderungen mit großer Wirkung

Es ist durchaus möglich, sich von den toxischen Wirkungen von Beklemmungen zu befreien. Jeder der folgenden kleinen Schritte hilft Ihnen dabei, wichtige Veränderungen herbeizuführen, die Ihnen mit etwas Übung zur Gewohnheit werden.

Hier sind einige Strategien und praktische Übungen, um Stress abzubauen sowie Anspannung und Nervosität zu überwinden:

- Finden Sie zunächst heraus, welches die Ursachen für Ihre Beklemmungen sind.
- Denken Sie nun an all die Dinge, die Ihnen Ihren Frieden rauben, und beschließen Sie heute, sich davon zu befreien.
- Stellen Sie Verhaltensregeln auf, die es Ihnen ermöglichen, das Leben mit innerer Ruhe voll und ganz zu genießen.
- Versuchen Sie nach Möglichkeit, all die Dinge zu reduzie-

ren oder gänzlich zu eliminieren, die Sie nervös machen oder Ihnen ein Gefühl der Angst vermitteln.

- Entwickeln Sie stattdessen neue Verhaltensweisen, die die Ruhe des Geistes, der Seele und des Körpers fördern.
- Lesen Sie nicht den ganzen Tag schlechte Nachrichten. Wir wollen zwar alle gerne informiert sein, aber wenn Sie schlimme Meldungen in der Zeitung lesen oder immer wieder in den Nachrichten hören, fördert das Ihre Anspannung. Von einem guten Buch profitieren Sie viel mehr.

> *Bevor du dich daran machst, die Welt zu verändern, gehe drei Mal durch dein eigenes Haus.*
>
> Chinesisches Sprichwort

- Füllen Sie Ihr Leben mit nützlichen Informationen, mit Fakten, die Sie bereichern.
- Lernen Sie jeden Tag etwas Neues.
- Kümmern Sie sich um Ihre körperliche Gesundheit.
- Sorgen Sie für einen guten Schlaf und eine möglichst gesunde Ernährung.
- Treiben Sie drei bis vier Mal pro Woche Sport. Das reduziert erwiesenermaßen das Stressniveau. Ihr Körper wird Sie für den Rest Ihres Lebens begleiten. Er ist Ihre Visitenkarte gegenüber der Welt und ist ebenso wichtig wie Ihre Seele und Ihr Geist. Lieben Sie ihn, pflegen Sie ihn und sprechen Sie positiv über ihn.
- Halten Sie sich von toxischen Typen fern. Das bedeutet nicht, sich zu isolieren, sondern anderen sinnvolle Grenzen zu setzen. Es gibt Menschen voller Negativität, die einzig und allein über ihre eigenen Probleme sowie die anderer Leute reden. Sie steuern nichts Wichtiges für Ihr Leben bei. Sie sollten den Aussagen und dem Verhalten solcher Leute keinen Platz in Ihren Gedanken einräumen und noch viel weniger zulassen, dass diese Einfluss auf Ihre Gemütsverfassung nehmen.
- Suchen Sie die Gesellschaft von Menschen mit einer po-

sitiven Einstellung – von erfolgreichen Leuten, die positiv denken, reden und handeln, die Ausgeglichenheit, Enthusiasmus und Freude ausstrahlen. Es gefällt jedem, von solchen Menschen umgeben zu sein. Suchen Sie nach ihnen, beobachten Sie sie, lernen Sie von ihnen, erleben Sie gemeinsame Momente mit ihnen. Lassen Sie sich von ihnen leiten. Solche Menschen geben Ihrem Leben zusätzlich Sinn.

> *Wer einen ruhigen Geist hat, dem gehört alles.*
>
> Don Bosco, italienischer Priester und Ordensgründer

– Kümmern Sie sich um einen Menschen, der Hilfe benötigt. Wenn Sie jemandem selbstlos Ihre Hilfe anbieten, lenkt dies Ihre Gedanken von Problemen und Sorgen ab.

– Fokussieren Sie sich anders.

– Wenden Sie sich an einen Menschen, dem Sie vertrauen, und erzählen Sie ihm, wie Sie sich fühlen. Das ist wichtig, denn er kann Ihnen Zuversicht schenken. Es ist wirklich so einfach! Darüber zu sprechen, wie es uns geht, ist eins der besten Mittel, um Angst und Anspannung zu kontrollieren.

– Machen Sie es sich zur Gewohnheit, auf eine positive Weise zu sprechen. Allerdings reicht das Reden alleine nicht. Es ist wichtig zu lernen, Dinge mit einer positiven Haltung zu tun.

– Denken Sie gut über Ihre Worte nach, bevor Sie etwas sagen. Worte sind Werkzeuge. Sie haben die Macht, Ihre Zukunft aufzubauen oder zu zerstören.

– Halten Sie jeden Tag schriftlich drei oder vier Dinge fest, für die Sie dankbar sind. Sich auf das Positive zu konzentrieren, lenkt Ihren Geist ebenfalls von negativen Gedanken ab, die toxische Emotionen hervorrufen.

– Lachen Sie jeden Tag ein paar Mal. Das Lachen lässt jedwede Last leichter erscheinen. Außerdem tut es Geist und Körper überaus gut, das ist wissenschaftlich erwiesen.

– Seien Sie zuversichtlich. Das Gegenteil von Angst ist Zuversicht. Falls Sie es bisher anders gehalten haben, sollten

Sie ab nun daran glauben, dass sich die Dinge in Ihrem Leben zum Positiven hin entwickeln werden und alles, was Sie tun, gut ausgehen wird. Wenn Sie positive Dinge erwarten, werden sie sich früher oder später in Ihrem Leben einstellen.

- Erwarten Sie stets das Beste. Geben Sie sich nicht mit etwas Mittelmäßigem zufrieden. Sie wurden für herausragende Leistungen geboren.

> *Mit sich selbst in Einklang zu sein ist der beste Weg, um es auch mit anderen zu sein.*
>
> Luis de León, spanischer Dichter

- Probieren Sie regelmäßig etwas Neues aus. Auch wenn es Ihnen Angst macht, sollten Sie es wagen, neue Dinge zu tun. Mut ist nicht die Abwesenheit von Angst, sondern die Fähigkeit, zur Tat zu schreiten, obwohl man Angst hat.
- Visualisieren Sie sich selbst als erfolgreichen Menschen. Bevor etwas in Ihrem Leben geschieht, müssen Sie es im Geiste vor sich sehen. Ihnen wurde die Vorstellungskraft verliehen, damit Sie sich als die Person visualisieren, die Sie gerne werden möchten. Ein erfolgreicher Mensch, selbstsicher, optimistisch, positiv gestimmt, glücklich. Ein Mensch, der das Leben vollkommen ausschöpft und in der Lage ist, sich zu entspannen.

## 5. Alles beginnt in unserem Inneren

Alles beginnt in unserem Inneren. Wenn wir mit uns selbst und anderen im Lot sind, kann uns nichts aus der Bahn werfen. Mit Bezug auf die Menschen, die inneren Frieden gefunden haben, heißt es in der Bibel: »Du wirst sein wie ein hoher Baum, am Ufer des Wassers gepflanzt, mit ausgestreckten Wurzeln.« Solche Bäume haben einen starken Stamm, der unser Selbstwertgefühl symbolisiert. Nahe beim Wasser zu leben bedeutet, dass wir die besten Dinge des Lebens auskosten, wenn wir zu innerer Ruhe gefunden haben, und die ausgestreckten Wurzeln beziehen sich auf gesunde zwischenmenschliche Beziehungen. Es ist wichtig, nach innerer Ruhe zu suchen, sich dafür einzusetzen, sie zu erreichen und sie sich um jeden Preis zu bewahren, was immer auch im eigenen Umfeld geschehen mag.

> Es gibt keinen Weg zum Frieden, denn Frieden ist der Weg.
>
> Mahatma Gandhi

In einer Fabel von Äsop wurde eine Stadtmaus eines Tages bei einem Spaziergang von einer anderen Maus, die auf dem Land lebte, eingeladen. Diese gab der Stadtmaus Eicheln, Ackerbohnen und Gerstenkörner zu fressen. Die Stadtmaus war sehr dankbar und lud die Landmaus ein, sie in die Stadt zu begleiten, um sich dort zu vergnügen. Die Landmaus nahm die Einladung gerne an.

In der Stadt betraten sie eine Speisekammer des Palastes, in der die Stadtmaus wohnte und die mit allen möglichen Leckerbissen gefüllt war. Während sie der anderen Maus alles zeigte, sagte die Stadtmaus zu ihr: »Friss nur, meine Freundin, friss, so viel du möchtest, denn ich habe reichlich von allem.« Als sie so fröhlich vor sich hinfraßen, öffnete sich plötzlich die Tür mit einem lauten Krachen und der Wächter der Speisekammer tauchte auf. Aufgeschreckt stoben die beiden Mäuse in verschiedene Richtungen davon. Da die Stadtmaus einige Verstecke kannte, konnte sie sich schnell in Sicherheit bringen. Die andere hatte dagegen große Mühe zu entkommen.

Schließlich verschwand der Wächter wieder, die Tür schloss sich und die Mäuse kamen aus ihren Verstecken hervor.

»Komm her, damit wir weiterfressen können«, sagte die Stadtmaus. »Dann wirst du sehen, wie viele Leckerbissen es hier noch gibt.«

»Das alles ist wirklich großartig«, antwortete die Landmaus. »Aber tritt diese Gefahr häufig auf?«

»Ja«, antwortete die andere, »so etwas kann in jedem Moment passieren. Deshalb sollten wir uns gar nicht darum kümmern.«

»Oje!«, erwiderte die Landmaus. »Dann passiert das also täglich! Du lebst hier zwar im Überfluss, aber dennoch ziehe ich meine Armut in Frieden deinem Überfluss mit einem solchen Stress vor.«

Sie wurden geboren, um frei zu sein. Lassen Sie sich von nichts und niemandem zum Sklaven machen. Lassen Sie nicht zu, dass die Angst Ihr Leben erfüllt. Konzentrieren Sie sich auf die wichtigen Dinge – also auf diejenigen, die Ihre Energie fördern. Nebensächliche Dinge rauben Ihnen nur Energie. Das Glück steht Ihnen voll und ganz zu. Niemand kann es Ihnen nehmen. Enthalten Sie es sich nicht selbst vor, indem Sie unter toxischen Emotionen leiden. Erlauben Sie sich, glücklich zu sein. Feiern Sie Ihr Leben. Sie können sich von der Angst befreien!

> *Selbst wenn der Frieden viel kostet, ist er nie teuer.*
>
> Sprichwort

# 02 Toxischer Kummer

*Du kannst nicht verhindern, dass ein* Vogelschwarm *der Traurigkeit über deinen Kopf hinwegfliegt. Aber du kannst verhindern, dass er in deinen* Haaren nistet.

Chinesisches Sprichwort

## 1. Normales Tief oder toxischer Kummer?

Wir Menschen sind täglich mit Situationen konfrontiert, die eine gewisse Niedergeschlagenheit in uns hervorrufen können. Das ist völlig normal. Dieses Gefühl der Deprimiertheit oder Lustlosigkeit bezeichnen wir als »Tief«.

Es bleibt nicht bestehen. Das heißt, wir können uns ein paar Stunden oder auch einen ganzen Tag lang energielos oder bedrückt fühlen. Ich möchte aber noch einmal betonen:

**Es ist völlig normal, deprimiert zu sein, wenn uns etwas verletzt. Wichtig ist, dieses Gefühl zu überwinden.**

Vergeht allerdings Tag um Tag und das durch irgendeinen Umstand hervorgerufene Tief verschwindet nicht, so verwandelt es sich in tiefe Betrübtheit. In diesem Zustand sind wir traurig und verzweifelt. Dieses Gefühl hindert uns daran, mit der Situation umzugehen, und lässt uns in einer toxischen Emotion versinken. Es scheint, als habe der Kummer bereits die Kontrolle über unser gesamtes Leben und unsere Gefühle übernommen, als drehe sich alles nur noch darum. Daher ist es wichtig zu erkennen, wie normal es ist, eine gewisse Zeit lang in einem Tief zu sein – nicht jedoch, ständig deprimiert zu sein!

Der Kummer ist eine toxische Emotion, die ein Unbehagen bei uns auslöst. Sie bedrängt uns, bedrückt uns und führt dazu, dass wir ständig jammern, klagen, uns verletzt, traurig und unwohl fühlen. Je länger dieser Zustand anhält, desto toxischer wird diese Emotion.

Haben Sie schon einmal Sätze wie die folgenden gehört? Oder haben Sie so etwas selbst bereits gesagt? »Ich bin sehr deprimiert.« »Ich verspüre einen Schmerz in der Brust und kann mir nicht erklären, woher er kommt.« »Ich habe einen Kloß im Hals.« Wahrscheinlich haben Sie sich bereits häufig niedergeschlagen gefühlt, ohne zu wissen, woran das lag. Jede unserer Emotionen verwandelt sich in eine körperliche Wahrnehmung, derzufolge es uns gut oder schlecht geht.

**Zu verzagen ist normal, aber auf Dauer ist dieser Zustand toxisch.**

Der toxische Kummer darf weder unseren Geist noch unsere Zeit völlig vereinnahmen. Ebenso wenig darf er die Kontrolle über unsere Emotionen übernehmen und uns von unseren Zielen ablenken oder abhalten. Das sollten wir uns klarmachen. Der Kummer darf weder über uns bestimmen, noch darf er uns schwächen oder Entscheidungen für uns treffen.

**Wir dürfen nicht zulassen, dass der Kummer uns unsere Kraft und Energie raubt, die wir benötigen, um jeden Tag in Angriff zu nehmen.**

## 2. Kummer verändert unsere Sichtweise

Ist Ihnen schon einmal aufgefallen, dass Sie *alles* schwarzsehen und plötzlich das Gefühl haben, ein pessimistischer Mensch geworden zu sein, wenn Sie niedergeschlagen sind?

*Verzweifle nie, selbst wenn du zutiefst betrübt bist, denn aus den schwarzen Wolken fällt sauberes Wasser, das Fruchtbarkeit mit sich bringt.*

Chinesisches Sprichwort

Manchmal wirkt der Kummer wie eine Isolierschicht, die uns abschirmt, sodass wir weder sehen noch spüren, welche Chance sich hinter jedem schmerzlichen Moment verbirgt.

Denn so, wie wir uns fühlen, so interpretieren wir auch die Realität. Wenn wir zum Beispiel ängstlich sind, werden wir auch Angst davor haben zu heiraten, zur Arbeit zu gehen, vor allem. Wenn wir wütend sind, ärgern wir uns über alles. Haben wir ein geringes Selbstwertgefühl, glauben wir, alle anderen würden sich über uns lustig machen und uns nicht wertschätzen. Wenn wir Dinge auf eine negative Art und Weise betrachten, entsteht der gleiche Effekt. Da die meisten Dinge auch eine negative Seite haben, fokussieren wir uns nur auf diesen Aspekt.

Unsere Verletztheit beginnt sich auf unser Leben auszuwirken und es einzuschränken. Unser Blick trübt sich, sodass wir alles durch eine pessimistische Brille sehen. Und genau das führt zu weiterem Kummer.

## 3. Kummer verändert die Art und Weise, wie wir zuhören

Die Stimmen der Agonie, der Ausweglosigkeit, der Angst, der Niedergeschlagenheit und der Traurigkeit stoßen im Kummer auf Resonanz.

In Momenten des Kummers genügt jede Kleinigkeit – und sei es auch nur ein winziges körperliches Wehwehchen –, um unsere Niedergeschlagenheit intensiver werden zu lassen.

Bei jedem Schritt entmutigt uns eine innere Stimme. Es genügt,

- ... wenn unser Partner, Chef oder ein anderer Mensch uns eine unfreundliche Antwort gibt. Schon sind wir über die Maßen deprimiert und denken: »Mich schätzt sowieso niemand.«
- ... wenn uns der Bus an der Haltestelle vor der Nase wegfährt. Sofort denken wir, dass wir das Pech förmlich anziehen, und sagen innerlich zu uns selbst: »Egal, ob ich früher oder später gekommen wäre, der Bus wäre mir in jedem Fall davongefahren.«
- ... nach Hause zu kommen und festzustellen, dass das Licht nicht funktioniert oder die Heizung ausgefallen ist. Unmittelbar fühlen wir uns noch frustrierter und denken: »Niemand hilft mir.«
- ... wenn einem Kollegen die Position angeboten wird, die wir uns erhofft hatten. Schon denken wir, dass uns nur Undank zuteil wird, und wir sagen innerlich zu uns selbst: »Die ganze Welt hat sich gegen mich verschworen.«

## 4. Kummer verändert unsere Art zu sprechen

Häufig bekommen wir von einem bekümmerten Menschen Sätze wie die folgenden zu hören und nehmen eine erhebliche Portion Resignation bei ihm wahr: »Dies ist nun mal mein Los im Leben. Was soll man da schon machen?« Doch mit diesen Worten fördert er seinen Kummer zusätzlich. Er ist so von seiner Trübsal vereinnahmt, dass er nicht erkennt, wie sehr er sich mit seinen Worten schadet.

Wir haben folgende Möglichkeiten: Wir können der Meinung sein, dass die anderen stets das größere Kuchenstück bekommen; dass uns stets alles misslingt; dass es uns genauso ergeht wie unseren Eltern, die nie zu ihrem Recht kamen und von aller Welt ausgenutzt wurden. Oder wir verändern unsere Einstellung und denken, dass uns das Beste noch bevorsteht; dass all die Dinge, die wir durchgemacht haben, uns letztlich weitergebracht haben; dass wir selbst die Kraft haben, um Kummer und Leid zu überwinden; dass nichts und niemand uns die Lust am Träumen nehmen kann; dass wir unseren Weg zum Ziel weiterverfolgen werden, egal, was geschehen ist.

Wir sollten uns bewusst machen, dass Ausreden und Klagen uns lähmen und uns am Vorwärtskommen hindern. Wir sollten all die Dinge und Fähigkeiten nutzen, die uns zur Verfügung stehen, und auf eine positive Weise mit uns selbst sprechen. Es ist egal, wie oft wir etwas planen und damit scheitern. Wissen wir doch, dass die Summe unserer Misserfolge der Schlüssel für unseren Erfolg ist.

### 5. Kummer gefährdet unsere Zukunft

Wir sind so bekümmert, dass wir nicht an eine Perspektive glauben. Mutlosigkeit und Hoffnungslosigkeit lähmen uns und vermischen sich mit unserer Angst vor der Zukunft.

Unsere innere Kraft scheint uns abhandengekommen zu sein, und unsere Entscheidungen treffen wir auf der Basis dessen, was wir empfinden. »Es gefällt mir, ich bleibe. Es gefällt mir nicht, ich gehe. Heute geht es mir gut, morgen schlecht.« Wir haben zu nichts Lust, und was uns bisher gereizt hat, lockt uns nun nicht mehr.

Wir sind durcheinander. Das Leben kommt uns absurd und sinnlos vor. Wenn jemand so niedergeschlagen ist und all sein Leid zum Ausdruck bringt, beklagt er sich ständig, und alles ärgert ihn. Ein deprimierter Mensch hat das Gefühl, dass es keine Zukunft gibt, dass es sich nicht lohnt, außer Haus zu gehen, dass die Probleme und der Druck ihn überwältigen.

Wir sollten uns auf die positiven Dinge in der Gegenwart konzentrieren. Und nie vergessen, dass uns das Beste noch bevorsteht.

**Alles, was uns widerfährt, einschließlich des Leids, können wir in einen Lernprozess verwandeln.**

## 6. Kummer wirkt sich auf unsere zwischenmenschlichen Beziehungen aus

Unser Leid führt nicht nur dazu, dass wir uns selbst schaden und boykottieren. Der aufgestaute Kummer kann sich mit der Zeit in Wut verwandeln und die Menschen in unserem Umfeld verletzen.

Häufig führt unser Leid dazu, dass wir anderen wehtun. Unsere negativen Erfahrungen und Frustrationen machen es uns schwerer, Beziehungen zu anderen aufzubauen. Schmerz, Krisen, Misserfolge und Leid sind in vielen Situationen unvorhersehbar und unvermeidlich. Je nachdem, wie wir damit umgehen, entwickeln wir eine positivere Einstellung und größere Leistungsfähigkeit oder wir werden zu Menschen, die nichts Gutes an ihrem Leben und in ihren Beziehungen finden können.

**Je motivierter wir sind, unseren Kummer zu überwinden und innerlich zu heilen, desto besser wird es uns gelingen, neue Energien zu mobilisieren und vorwärtszugehen.**

*In einer Fabel erzählt Äsop Folgendes: Ein Arzt fragte einen Kranken, wie es ihm gehe. Dieser antwortete, er schwitze mehr als gewöhnlich.*

*»Das ist in Ordnung«, sagte der Arzt.*

*Als er ein zweites Mal gefragt wurde, wie er sich fühle, antwortete der Kranke, er leide unter starkem Schüttelfrost.*

*»Das ist in Ordnung«, erwiderte der Arzt.*

*Als der Arzt den Patienten zum dritten Mal aufsuchte und ihn über seine Krankheit befragte, sagte der Kranke, er leide unter Durchfall.*

*»Das ist in Ordnung«, antwortete der Arzt und ging wieder fort.*

*Kurz darauf besuchte ein Verwandter den Kranken und fragte ihn, wie es ihm gehe.*

*»Ich sterbe«, antwortete dieser, »aufgrund lauter guter Befunde.«*

*Und die Moral von der Geschichte: Die Menschen in unserem Umfeld beurteilen uns aufgrund des äußeren Anscheins und halten uns aufgrund von Dingen für glücklich, die uns in Wirklichkeit großes Leid zufügen.*

Häufig wissen wir nicht, wie wir bekümmerten Menschen helfen können. Es verletzt sie, wenn sie Dinge zu hören bekommen wie zum Beispiel: »Kopf hoch, das wird schon wieder, setz doch mal eine andere Miene auf ...« Tatsächlich möchte der Betroffene der Situation entfliehen und würde das, was er durchmacht, lieber nicht erleben, aber ihm fehlt die Kraft, und er fühlt sich blockiert.

Die Vereinsamung beginnt, wenn jemand nicht mehr daran interessiert ist, sich um sich selbst zu kümmern und sich zu pflegen, auszugehen oder ein gutes Essen zu genießen. Dann beginnt er, den Kontakt mit der Außenwelt zu verlieren, er schottet sich ab und verstrickt sich in negativen Gedanken. Doch damit nicht genug. Der Prozess verschlimmert sich noch.

Der betroffene Mensch bleibt zu Hause, sein Geist wird unbeweglich, und er selbst wird extrem introvertiert, was dazu führt, dass seine fehlgeleiteten Gedanken ihn noch mehr isolieren.

**Je mehr man sich abschottet, desto mehr negative Gedanken hegt man. Je mehr negative Gedanken aufkommen, desto mehr isoliert man sich.**

Ein leidender deprimierter Mensch grenzt sich in der Regel von anderen ab. Er fühlt sich einsam und resigniert häufig angesichts seines Leids. Von Mal zu Mal schafft er weniger, und jedes Mal resigniert er etwas mehr: bis er gar nichts mehr auf die Reihe bekommt. Er ist immer mehr davon überzeugt, keine Zukunft zu haben, und hat keine Lust mehr, noch einmal einen Versuch zu starten. Alles langweilt ihn, nichts erfüllt ihn. Alles, was ihm widerfährt, empfindet er als Strafe.

Er ist nicht länger jemand, der aufgrund bestimmter Ereignisse vorübergehend bekümmert ist. Mittlerweile lebt er in einem Dauerzustand der Traurigkeit, ohne sich darüber bewusst zu sein, dass es stets falsch ist, sich in der Traurigkeit einzurichten, und dass er die Wahl selbst getroffen hat. Sie sollten sich nie dafür entscheiden, in Traurigkeit zu leben.

## 7. Kummer macht sich körperlich bemerkbar

Weichen Sie ihm nicht aus und verbergen Sie ihn nicht. Achten Sie darauf und bringen Sie dieses Gefühl zum Ausdruck, denn es macht Sie auf etwas aufmerksam. Wissenschaftliche Studien aus dem Bereich der Psychoneuroimmunologie zeigen, wie unsere Emotionen auf unser körperliches Wohlbefinden Einfluss nehmen und welche Symptome sie hervor-rufen. Unsere emotionale Verfassung und unsere Einstellung können sich sehr positiv oder negativ auf die Gesundheit und das Wohlergehen unseres Körpers auswirken. Wir sollten daher lernen, auf uns selbst zu hören!

> *Unsere eigenen Vorstellungen halten uns davon ab, in Kontakt mit der Wirklichkeit zu kommen, die uns stets etwas Positives zu bieten hat.*
>
> Víctor Manuel Fernández

Wenn wir bekümmert sind, nehmen wir die toxischen Emotionen bewusst wahr. Sind wir dann nicht in der Lage, sie zu stoppen, suchen diese sich einen »Weg«, um sich zu verstecken und sich in einem Organ unseres Körpers anzusiedeln und es sogar krank zu machen. Es wäre sehr naiv zu glauben, dass unsere Magenschmerzen ausschließlich etwas mit dem Essen vom Vorabend zu tun haben. In Wirklichkeit leidet unser Körper mit uns.

Die körperlichen Symptome bezeichnet man als *Somatisierung*.

- Kopfschmerzen
- Rückenschmerzen
- Verdauungsbeschwerden
- Schlafstörungen
- Zittern

Das sind ein paar der Symptome, auf die wir – sobald sie auftauchen – achten sollten, um unsere Emotionen zu kontrollieren.

Daher sollten wir uns nicht darauf einlassen, körperliches Unwohlsein als normal oder vorübergehend zu betrachten. Wenn wir nicht bereit sind, das, was uns widerfährt, zu bewältigen, wird unser Körper beginnen, uns darauf aufmerksam zu machen. Er wird uns die Quittung dafür präsentieren, und obwohl wir es nicht wollen, werden wir auf ihn hören müssen.

Wenn wir krank sind oder Schmerzen haben, so der Theologe und Autor Víctor Manuel Fernández, geht es nicht darum, den Schmerz zu mögen, sondern uns selbst mit dieser Krankheit oder diesem Schmerz zu lieben.

Häufig machen wir uns selbst Vorwürfe, wenn wir leiden, so als würden wir uns unbewusst die Schuld für eine Krankheit oder für Schmerzen geben. Sind wir lange krank, sinkt unser Selbstwertgefühl, wir fühlen uns minderwertig und machen uns immer mehr für unseren Zustand verantwortlich.

Wie wir in einem anderen Kapitel sehen werden, führen Schuldgefühle nur zu mehr Leid und Kummer. Wir sollten all die positiven Dinge, die wir besitzen, schätzen lernen und uns nicht von negativen Dingen dominieren lassen.

## 8. Den Kummer überwinden: einfache Strategien und Techniken

Es gibt einen Weg, um den Teufelskreis des Kummers zu durchbrechen. Sie können lernen, glücklicher zu sein. Dies sind die ersten Schritte:

— SEIEN SIE BEREIT, DEN KUMMER ZU ÜBERWINDEN. SPRECHEN SIE SO VIEL WIE NÖTIG DARÜBER, ZEIGEN SIE IHRE GEFÜHLE.
Schreiben Sie zum Beispiel einen Brief an sich selbst, erzählen Sie darin, wie es Ihnen geht, oder sprechen Sie mit einem anderen Menschen darüber. Sie werden feststellen, wie gut es Ihnen tut, wenn Sie etwas zum Ausdruck bringen, was Sie bisher in Ihrem Inneren verborgen haben. Ich ermutige Sie dazu, es zu tun. Es wird Ihnen sehr helfen.

- VERWALTEN SIE ERINNERUNGEN WEISE.
Wir Menschen haben die außergewöhnliche Fähigkeit, alles, was wir erleben, im Gedächtnis zu archivieren und bei Bedarf wieder hervorzuholen. Erinnern Sie sich daran, wie viele schwierige und traurige Situationen Sie schon überstanden haben. Wie viele unglaubliche Dinge haben Sie schon bewältigt und aus wie vielen Situationen sind Sie sogar gestärkt hervorgegangen? Wie viel Leid haben Sie bereits überwunden, etwa angesichts einer Enttäuschung oder als Sie die überraschende Nachricht von dem Tod oder der schweren Krankheit eines geliebten Angehörigen ereilte? Sie haben gewiss viele Situationen gemeistert und auch die jetzige werden Sie überwinden. Wie lange Ihr Kummer anhalten wird, hängt davon ab, wie Sie damit umgehen und welche Bedeutung Sie den traurigen Ereignissen beimessen. Beim Laufen hilft es, beherzt zu sein, und das Leben nehmen diejenigen für sich ein, die Mut fassen und kämpfen. Die Entscheidung, weiterzumachen, lässt Sie mit jeder Situation fertigwerden, die Ihnen begegnet. Betrachten Sie die Erfolge der Vergangenheit daher als Beweis dafür, dass es möglich ist. Machen Sie sich darüber hinaus bewusst, dass einige Erinnerungen bereits etwas verblasst sind – wie ein altes Foto. Es bringt Ihnen nichts, sie jeden Tag zu betrachten, denn jedes Mal, wenn Sie es tun, setzen Sie sich dem Leid aus, das Sie bereits überwunden hatten. Sie können entscheiden, an welchen Erinnerungen Ihr Geist festhält und an welchen nicht. Falls es also Alben gibt, die Sie wegwerfen sollten, ist es nun an der Zeit, es zu tun.

- ENTDECKEN SIE UNBEKANNTE ASPEKTE WIEDER.
Im Laufe des Lebens wird uns bewusst, dass es unsere leidvollen und trüben Momente sind, in denen wir erkennen, wer wir eigentlich sind und was uns ausmacht. Aufgrund dieser Erfahrungen können wir etwas verändern.

**Der Mensch verwirklicht sich in dem Maße, in dem er sich der Erfüllung seines Lebenssinns widmet.**

– JEDES LEID ENTHÄLT EINE LEHRE, UND JEDE LEHRE BIRGT DIE CHANCE, IN EINE UNBEKANNTE, ABER HÄUFIG VERBLÜFFENDE WELT VORZUDRINGEN.

Je größer Ihre Bereitschaft ist, nicht in diesem belastenden Zustand zu verharren, desto früher können Sie sich den Umständen zum Trotz daraus befreien und nach vorne blicken.

Beethoven verfasste seine genialsten Kompositionen, nachdem er taub geworden war.

– WECKEN SIE DEN SCHLAFENDEN RIESEN.

Schwierigkeiten und Krisen wecken den schlafenden Riesen und das Potenzial in uns. Der Geschichtsschreibung zufolge gilt Abraham Lincoln als einer der besten Präsidenten der Vereinigten Staaten. Wahrscheinlich hätte er jedoch keine so bedeutende Rolle gespielt, wenn ihm nicht die Aufgabe zugefallen wäre, das Land während des Bürgerkriegs zu regieren.

**Wir sollten nicht um leichtere Probleme bitten, sondern darum, stärker zu sein. Wir sollten uns nicht weniger Aufgaben wünschen, sondern mehr Weisheit, denn neue Aufgaben werden auf uns zukommen.**

– SIE KÖNNEN NICHT ALLES KONTROLLIEREN.

Es ist heilsam, sich bewusst zu machen, dass viele Dinge außerhalb unseres Einflussbereichs liegen. Allerdings können wir Folgendes tun: Wir können eine positivere Einstellung entwickeln und unser Bewusstsein erweitern, denn dann erkennen wir, dass unser Inneres sich nach dem Leid erholen und heilen muss. Wir sollten uns klarmachen, dass das Leben zu zehn Prozent aus den Dingen besteht, die uns widerfahren und die unvermeidlich sind, aber die anderen neunzig Prozent hängen davon ab, wie wir mit der jeweiligen Situation umgehen. Diese Erkenntnis verleiht uns das Gefühl, ein aktiv Handelnder zu sein und nicht in die Rolle des Opfers zu verfallen. Wir sollten uns gestatten, Emotionen wie den Kummer zu erleben, aber wir dürfen nicht zulassen, dass sie sich einnisten und unser Leben kontrollieren.

> *Der Geist ist eine Welt für sich, in der die Hölle zum Himmel und der Himmel zur Hölle werden kann.*
>
> John Milton

**Resignieren oder krank werden kommt nicht in die Tüte!**

In der Bibel heißt es im Buch Habakuk, dass die Vision auf das Ende hinstrebt: »Wenn sie sich verzögert, warte darauf; denn kommen wird sie, sie wird nicht ausbleiben.«

Menschen, die das Ziel erreichen, die eine Krise überwinden, wissen, dass ihnen auf ihrem Weg auch künftig Hindernisse begegnen werden. Trotzdem entscheiden sie sich dafür, sich ihnen zu stellen und weiterzumachen.

**Wenn es nicht in unserer Hand liegt, eine leidvolle Situation zu ändern, können wir zumindest entscheiden, mit welcher Einstellung wir diesem Leid begegnen.**

– FINDEN SIE DIE RICHTIGE EINSTELLUNG.
Mit der entsprechenden Bereitschaft und dem daran ausgerichteten Verhalten werden die Ergebnisse unglaublich sein. Wenn wir Schmerz und Leid Raum geben, kann daraus ein großes Potenzial und ein eiserner Wille entstehen sowie eine übernatürliche Fähigkeit, das Leid zu überwinden. Das Leid bringt versteckte Herausforderungen und wertvolle Möglichkeiten mit sich.

**Es gibt Dinge, die wir nicht ändern, und andere, die wir nicht vermeiden können. Aber wir können uns entscheiden, wie wir damit umgehen.**

Ich habe eine gute Nachricht für Sie: Jede schwierige Situation unterliegt dem Gesetz der Zeit und wird vorübergehen. Sie wird nicht das ganze Leben bestehen bleiben, blockieren Sie sich daher nicht.

Ihr Inneres beherbergt alles, was Sie brauchen, um sich der Situation zu stellen. Die Mittel stehen bereit, damit Sie sie nutzen.

Es gibt schwierige Momente. Wir können sie nicht vermeiden. Diese Realität müssen wir akzeptieren. Wir müssen solche Momente durchstehen und überwinden. Auch Sie werden weiterkommen und sie bewältigen, denn Sie sind in der Lage, solche Situationen ohne toxischen Kummer zu erleben.

Wir sollten dem Kummer Grenzen setzen, ihn verarbeiten und lernen, glücklich zu sein. Sie sind ein Mensch mit einer Bestimmung. Sie haben ein Ziel, das es zu erreichen gilt. Ihr Leben ist keineswegs sinnlos. Im Gegenteil, Ihr Leben ist einzigartig.

*Neunzig Prozent derjenigen, die scheitern, wurden in Wirklichkeit nicht besiegt, sie haben lediglich aufgegeben.*

Paul J. Meyer, nordamerikanischer Unternehmer und Motivationstrainer

# 03 Toxische Unzufriedenheit

*Mancher hält sich für vollkommen, nur*
*weil er geringere Ansprüche an sich stellt.*

Hermann Hesse

Bis zu welchem Punkt ist das Gefühl der Unzufriedenheit etwas Positives? Wenn wir die Schädlichkeit dieser Emotion erkennen wollen, sollten wir uns zunächst ansehen, welche normalen und positiven Aspekte damit einhergehen. Anschließend untersuchen wir, wann diese Emotion uns schaden kann.

Im positiven Sinne verleiht uns das Gefühl der Unzufriedenheit die nötige Motivation und Energie, allen Hindernissen zum Trotz durchzuhalten. Diese innere Unruhe hält uns in Bewegung und bringt uns dazu, Probleme zu meistern und nach Lösungen zu suchen. Manche Leute sagen daher: »Ich bin lieber unzufrieden, als mich mit etwas abzufinden und zu resignieren.« Und das ist auch gut so, denn dahinter steht die Absicht, sich ständig verbessern zu wollen.

Eine chronische Unzufriedenheit – das dauerhafte Gefühl mangelnder Anerkennung – stellt sich allerdings ein, wenn wir ständig zu uns selbst sagen, dass wir mehr hätten tun können, wenn wir der Meinung sind, immer nur neun von zehn Punkten zu erreichen, egal, wie sehr wir uns anstrengen. Menschen, die diese toxische Emotion hegen, bewerten ihre Ergebnisse stets als unzureichend, es gibt für sie immer ein »Beinahe« oder »Fast«: »Ich bin fast fertig, ich habe es fast geschafft, ich bin fast am Ziel.« Diesen Menschen kommt immer alles spät, gering und schlecht vor, selbst wenn es um ihr eigenes Glück geht. Dabei wäre ihr Glück jenseits der Unzufriedenheit zu finden.

**Gelegentlich unzufrieden zu sein ist durchaus positiv und sorgt dafür, dass wir besser werden. Die chronische Unzufriedenheit ist toxisch und führt zum Perfektionismus.**

Gibt jemand sich nicht schnell zufrieden und achtet er zum Beispiel auf kleinste Details, kann das sehr nützlich sein – etwa bei wissenschaftlichen Untersuchungen oder bei intensiven Sitzungen eines Künstlers, der an seinem Werk arbeitet. Diese Haltung treibt Menschen dazu an, einen Schritt weiterzugehen und länger durchzuhalten als die meisten anderen. Interessanterweise haben berühmte Sportler, Wissenschaftler und Künstler häufig einen Hang zum Perfektionismus.

Es schadet uns aber, wenn wir zu hohe Erwartungen erfüllen wollen, wenn wir um jeden Preis versuchen, die gewünschte Anerkennung zu bekommen und Ziele zu erreichen, die uns von anderen vorgegeben wurden und die gar nicht unseren eigenen Träumen entsprechen. Es schadet uns, wenn wir uns angesichts eines Fehlers schwere Vorwürfe machen und uns zu hart bestrafen, wenn wir uns zu sehr auf Erfolge konzentrieren, ohne das Leben zu genießen und ohne zu wissen, ob wir sie je erzielen werden; noch dazu, wenn wir dabei nicht in Betracht ziehen, dass wir während dieses Prozesses Freundschaften, Partner und Zeit verlieren.

Zu perfektionistisch zu sein, ist, als wolle man im Meer rennen oder in der Wüste schwimmen. Spezialisten sehen eine Verbindung zwischen dem Perfektionismus und einer Reihe von Störungen und Beschwerden wie zum Beispiel:

Depressionen; Magersucht und Bulimie; Ängsten; Phobien; Panikattacken; Reizdarm; Kolitis; Herzkrankheiten.

## 1. Zu hohe Erwartungen: Perfekt sein wollen

Der Perfektionismus beruht auf der Überzeugung, dass man Perfektion erreichen kann und muss. Ein Perfektionist hält alles, was weniger als perfekt ist, für inakzeptabel.

Ultraperfektionisten werden für gewöhnlich als Übermenschen bezeichnet. Es handelt sich um Männer und Frauen, die in ihrem Leben versuchen, die perfekten Eltern zu sein, die perfekten Ehepartner, die perfekten Kinder, die perfekten Geschwister oder die perfekten Freunde. Sie geben sich den Anschein eines Superhelden. Wo sie gehen und stehen, erlegen sie sich Perfektion auf und entwickeln sinnlose Ideen, Aufgaben und Ziele, die unerreichbar sind, weil es sich schlicht und einfach um Illusionen handelt.

Der Perfektionismus macht sie zu verletzlichen und abhängigen Menschen. Und an einem gewissen Punkt raubt der Perfektionismus ihnen auch die Fähigkeit, glücklich zu sein.

## 2. Woher stammt dieser Wunsch?

C. G. Jung war der Überzeugung, dass die Vorstellung von der Vollkommenheit seit der Geburt vorhanden ist, dass es einen Archetypus beziehungsweise ein Modell der Vollkommenheit im menschlichen Unbewussten gibt, das uns nach Perfektion streben lässt.

Wie der größte Teil der Persönlichkeitsmerkmale hat der Perfektionismus seinen Ursprung in der Familie. Er wird vor allem in den ersten Lebensjahren angelegt. Autoritäre, fordernde, kritische Eltern, die nicht leicht zufriedenzustellen sind und deren Reaktionen unkalkulierbar sind, ziehen perfektionistische Kinder groß. Solche Eltern vermitteln ihren Kindern eine Liebe, die an Bedingungen geknüpft ist. Sie sagen Dinge zu ihnen wie etwa: »Wenn du brav bist, kaufe ich dir ein

Eis«, »Wenn du in der Schule gute Noten bekommst, schenke ich dir ein Fahrrad«. So drängen sie ihre Kinder zwangsläufig zum Perfektionismus. Sie sind nicht fähig, das Verhalten ihrer Kinder gelten zu lassen und anzuerkennen, auch wenn diese Fehler machen – doch gerade das ist überaus wichtig für Kinder, um ein gesundes Selbstbild und eine positive Haltung gegenüber der eigenen Persönlichkeit zu entwickeln.

Psychologen zufolge wird ein Perfektionist von einer inneren negativen Motivation angetrieben, indem er versucht, Missbilligung, Zurückweisung und Kritik zu vermeiden, die er von seinen Eltern erfahren hat.

Der Perfektionist ist zwanghaft, denkt lange über ein und denselben Fehler nach und wälzt ständig die gleichen Gedanken im Kopf hin und her, wenn etwas falsch gelaufen ist.

Er akzeptiert die Veränderung nicht und verliert aus den Augen, dass jede Veränderung eine neue Einarbeitungsphase mit sich bringt.

## 3. Test: Bin ich ein Perfektionist?

Der Perfektionismus führt dazu, dass wir an negative Dinge denken und alles auf eine negative Weise betrachten. »Das hätte ich nicht sagen dürfen.« »Wie konnte ich das tun? Das hätte ich nicht machen dürfen.« »Alles ist schlecht. Mein Leben ist ein Fiasko. Ich werde es nie zu etwas bringen. Ich bin eine Katastrophe.« Diese negativen Stimmen werden stets da sein und versuchen, unsere Pläne zu vereiteln.

**Der Perfektionist konzentriert sich so stark auf die Details, dass er sein Vorhaben aus den Augen verliert.**

Sind Sie ein Perfektionist? Kreuzen Sie in der folgenden Liste die zutreffende Antwort an:

|  | Ja | Nein |
|---|---|---|
| 1. Wenn ich etwas anfange, habe ich Angst davor, Fehler zu machen. |  | X |
| 2. Ich setze mir sehr hohe, schwer erreichbare Ziele. |  | X |
| 3. Ich versuche um jeden Preis, die Missbilligung anderer zu vermeiden. | X |  |
| 4. Wenn ich an einem Projekt arbeite, kann ich mich erst entspannen, wenn alles perfekt ist. |  | X |
| 5. Obwohl ich alles so gut wie möglich erledige, habe ich das Gefühl, dass es den anderen nicht genügt. |  | X |
| 6. Wenn ich einen Fehler mache, habe ich das Gefühl, alles ruiniert zu haben. |  | X |
| 7. Ich weiß, was für eine Art Mensch ich sein müsste, aber ich habe das Gefühl, dass ich das nie schaffen werde. | X |  |
| 8. Schon als Kind hatte ich das Gefühl, meine Eltern nicht zufriedenstellen zu können, selbst wenn ich etwas gut gemacht habe. |  | X |
| 9. Wenn ich ein Ziel erreicht habe, bin ich nicht zufrieden. |  | X |
| 10. Ich fühle mich schuldig oder schäme mich, wenn ich etwas nicht perfekt mache. | X |  |

Wenn Sie mehr als drei Fragen mit Ja beantwortet haben, sind Sie ein Perfektionist. Aber Sie können sich aus den Klauen des Perfektionismus befreien, um wahre Spitzenleistungen zu erbringen. Beantworten Sie die folgenden Fragen ehrlich.

- Bei welchen der obigen Punkte haben Sie sich wiedererkannt?
- Machen sich diese Verhaltensweisen und Gefühle in allen Lebensbereichen bemerkbar oder nur in einigen?

Heutzutage hört man viele Leute sagen: »Ich stelle sehr hohe Erwartungen an mich selbst und an andere.« Sie glauben, anspruchsvoll oder perfektionistisch zu sein, führe zu Bestleistungen. Aber das ist ein Irrtum!

## 4. Zu hohe Erwartungen an sich selbst führen nicht zu Spitzenleistungen

Der Perfektionismus führt nie zu herausragenden Leistungen, ebenso wenig wie ein hoher Anspruch an sich selbst. Betrachten wir einige Merkmale eines perfektionistischen oder sehr anspruchsvollen Menschen.

– ER IST NIE ZUFRIEDEN MIT DEM, WAS ER TUT.
Selbst wenn er etwas sehr gut gemacht hat, meint er stets, er hätte es noch besser machen können. Er kommt nie zur Ruhe und kann nichts genießen. Was solche Frauen anbelangt, so versuchen sie die perfekten Mütter, Ehefrauen, Töchter, Freundinnen und Schwestern zu sein. Was sie auch unternehmen, sie müssen perfekt sein, denn wenn sie es nicht sind – oder sich selbst nicht so empfinden –, können sie nicht handeln. Der Perfektionist ist kritisch mit sich selbst und anderen und achtet nur auf Fehler. Er vermeidet Risiken, um nichts falsch zu machen, und auf seinem Weg zum Perfektionismus erreicht er aus Angst vor Fehlern letztlich »nichts«.

– ER BENÖTIGT VIEL ZEIT, UM ETWAS ABZUSCHLIESSEN.
Er muss alles, was er tut, mehrmals überprüfen und hat stets das Gefühl, dass noch etwas fehlt, um perfekt zu sein.

- **ER IST SEHR KRITISCH MIT SICH SELBST UND ANDEREN.**
Was eigene und fremde Fehler betrifft, hat er eine geringe Toleranzschwelle. Daher kann der Perfektionismus zur Depression führen. Das Selbstwertgefühl dieser Menschen hängt von ihren Erfolgen ab. Gelingt ihnen etwas, geht es ihnen gut. Erreichen sie ein Ziel nicht, fühlen sie sich schlecht, da ihr Selbstwertgefühl an die Umsetzungsfähigkeit gebunden ist.

- **ER SETZT SICH UNERREICHBARE ZIELE.**
Es handelt sich zum Beispiel um Menschen, die innerhalb von einer Woche 20 Kilo abnehmen möchten. Auch die 60-jährige Frau, die eine Figur wie ihre 20-jährige Tochter haben möchte, gehört dazu. Frauen, die unter Bulimie oder Magersucht leiden, träumen davon, vollkommen zu sein, und sagen zu sich: »Ich möchte die Figur von einem Model haben.« Sie magern immer mehr ab und finden sich dennoch zu dick. Solche Ziele sind unrealistisch und unerreichbar.

- **ER SETZT SICH UNHALTBARE FRISTEN.**
Seine Ziele sind unrealistisch und zu hoch gesteckt, und so fühlt er sich frustriert, denn es gelingt ihm nie, sie zu erreichen. Er macht sich zu viele Gedanken darüber, was andere über ihn denken. Es ist ein unerreichbares Ziel, jedem zu gefallen, aber der Perfektionist strebt ständig danach. »Niemand soll mich kritisieren.« »Ich will mit niemandem im Zwist sein.« »Niemand soll etwas über meine Angelegenheiten erfahren.« Solche Menschen leiden wegen allem. In der Regel wiederholen sie eine Arbeit mehrmals, bis sie ihnen gut gelingt. Aber dennoch sind sie nie damit zufrieden und verlieren durch die Wiederholung Energie und Zeit. Sie meinen, alles müsse perfekt sein – nach dem Motto: »Entweder man macht etwas richtig oder man lässt es

bleiben.« Es gibt für sie kein Grau, sondern nur Weiß oder Schwarz. Und die ganze Zeit machen sie sich Gedanken darüber, was die anderen wohl von ihnen halten.

– DER PERFEKTIONIST HAT EINE NEGATIVE EINSTELLUNG UND IST UNFLEXIBEL.

Für ihn gilt die Devise »Alles oder nichts«. In seinem Denken existieren jeweils nur Extreme. So ist er der Meinung, lediglich zwischen gut und böse, schön oder hässlich, vollkommen oder unvollkommen wählen zu können. Kommt es in seinem Leben zu Veränderungen, ist er deprimiert und tritt auf der Stelle, er ist blockiert.

– ER GLAUBT AN DAS PRINZIP »WER WILL, DER KANN«.

Seiner Meinung nach gelingt uns etwas, wenn wir es nur wirklich wollen. Diese Auffassung bezeichnet man als »Voluntarismus«. Es ist der irrtümliche Glaube, dass man Dinge erreicht, wenn man nur die eigene Willenskraft aktiviert. Etwa, wenn man seine Hand bewegen will und das dann auch tut. Allerdings müssen gewisse Voraussetzungen erfüllt sein, um sie zu bewegen. Man muss zum Beispiel eine Hand haben, neurologisch betrachtet gesund sein sowie über Knochen und Muskeln verfügen, um den Wunsch umsetzen zu können.

– ER RICHTET SEINE AUFMERKSAMKEIT LEDIGLICH AUF DAS ZIEL.

Der Perfektionist gelangt nicht an sein selbst gestecktes Ziel, weil dazu auch eine Ausrüstung und die entsprechenden Kenntnisse nötig sind. Es ist wie bei jemandem, der ein Pferd besteigt und seine Augen starr auf ein Ziel gerichtet hält, aber nie zum Pferd blickt und nicht erkennt, ob es Hunger oder Durst hat und ob es das Ziel überhaupt erreichen kann. Er verlangt sich und anderen viel ab, da er nur das Ziel anvisiert. Er vertritt die Haltung: »Wir müssen es schaffen, koste es, was es wolle, egal wie, wir müssen es hinbekommen.« Dabei zieht er nicht in Betracht, welche Mittel erforderlich sind, um das Ziel zu erreichen.

*Oft büßt das Gute ein,*
*wer Bessres sucht.*

William Shakespeare

## 5. Verletzungen und Narben

Der Perfektionismus kann extrem kontraproduktiv sein, wenn man deshalb anstehende Aufgaben verschiebt. Etwa wenn man nicht mit einer Arbeit beginnen kann, bevor man sich darüber klar geworden ist, wie man sie bestmöglich erledigt, oder wenn man sich aus Angst vor dem Scheitern nie traut, ein Risiko einzugehen (lähmender Perfektionismus).

Er kann auch dazu führen, dass jemand sich selbst herabwürdigt, wenn er den Perfektionismus in gewisser Weise als Entschuldigung für sein Versagen heranzieht, oder dass jemand stets bedingungslos von anderen anerkannt und verstanden werden will.

Solche Leute sagen Dinge wie: »Du hast bestimmt den Eindruck, dass ich meine Ziele nicht erreichen kann und ziemlich dumm bin, oder?« In der Regel stehen Perfektionisten unter großem Druck und Stress. Es kann sich auch um schüchterne Menschen handeln, die es nicht wagen, sich mit anderen auseinanderzusetzen, und die Probleme in zwischenmenschlichen Beziehungen haben, weil sie glauben, die anderen müssten sie als perfekt wahrnehmen, um sie zu akzeptieren.

Ein Perfektionist kann das Leben nicht genießen. Doch wir alle besitzen die nötigen Fähigkeiten und Gaben, um all das zu verändern, was uns am Vorwärtskommen hindert. Jede falsche Überzeugung und Emotion sollte zurückgewiesen und hinterfragt werden. *Warum muss es genau so sein? Was würde geschehen, wenn wir es auf eine andere Weise tun würden?*

Wir sollten neue Wege finden, um uns auszudrücken. Denn sonst wird der Perfektionismus uns letztlich ruinieren. Alles Gelernte lässt sich wieder verlernen. Und das ist Ihre Aufgabe. Machen Sie sich heilsame und stimmige Überzeugungen zu eigen, lehnen Sie alles ab, was bisher nicht zu Ergebnissen geführt hat, und wenden Sie von nun an das Prinzip »Versuch und Irrtum« an. Wo ist das Problem, wenn Sie einen Fehler machen? Versuchen Sie etwas so oft wie nötig, bis der Entwurf, den Sie im Kopf haben, Gestalt annimmt. Sie sind kreativ. Vergeuden Sie Ihre Zeit nicht mit begrenzten, starren Vorstellungen. Lassen Sie Ihr eigenes Bild entstehen, Ihr eigenes Werk.

## 6. Den Perfektionismus überwinden: einfache Strategien und Techniken

Der Wunsch, ständig besser zu werden und sich weiterzuentwickeln, ist sehr positiv. Wir alle sollten versuchen, unser Bestes zu geben. Das Problem beim Perfektionismus ist allerdings, dass man sich unerreichbare Ziele setzt. Und dieser Anspruch führt beim Perfektionisten zu ständiger Unzufriedenheit.

**Perfektionismus und Unglücklichsein hängen zusammen.**

Wir sollten über die Verhaltensweisen nachdenken, die uns daran hindern, voller Begeisterung, frei und im Fluss zu sein. Sobald wir das tun, erkennen wir all die Veränderungen, die uns erlauben werden, unser gesamtes Tun zu genießen.

— ZUNÄCHST EINMAL SOLLTEN SIE SICH SO AKZEPTIEREN, WIE SIE SIND, UND SICH BEWUSST MACHEN, DASS SIE ALS EINZIGARTIGES UND BESONDERES WESEN ERSCHAFFEN WURDEN.

Sobald man sich so akzeptiert, wie man ist, kann man alles Nötige tun, um zu einer ausgeglichenen, harmonischen und reifen Persönlichkeit zu werden. Darüber hinaus sollte man ständig versuchen, sich weiterzuentwickeln, und sein gesamtes Tun genießen, ohne es sich selbst schwer zu machen.

- GEHEN SIE VORWÄRTS.
Die einzige Möglichkeit, um vorwärtszukommen und sich weiterzuentwickeln, ist, in Bewegung zu bleiben. Sie müssen weitermachen, selbst wenn einige Dinge Ihnen nicht gut gelingen und so manches Ihnen nicht gefällt oder Sie ängstigt. Sie müssen sich Fehler zugestehen, ohne sich deshalb fertigzumachen oder zu bestrafen. Beim Versuch, voranzuschreiten, werden Ihnen stets negative Gedanken in den Sinn kommen und Ihnen die Misserfolge aus der Vergangenheit in Erinnerung rufen. Sie müssen dann alle Zweifel über Bord werfen und sich sagen: »Ich schaue nach vorne, denn ich habe etwas zu erledigen. Ich darf mich nicht davon abhalten lassen!«

- WER NICHT WAGT, DER NICHT GEWINNT.
Der Perfektionist betrachtet den Fehler als Feind, nach dem Motto: »Ich darf keinen Fehler machen.« »Mir misslingt nichts, weil ich perfekt bin.« Es ist sehr bequem, alles beim Alten zu belassen, aber diese Haltung blockiert das persönliche Wachstum. Sie müssen die Komfortzone verlassen! Wir sind dazu aufgerufen, uns weiterzuentwickeln. Also müssen Sie sich realistische Ziele setzen sowie Termine, die Sie einhalten können. Es kommt nicht so darauf an, welche Fehler Sie machen, wichtig ist, sich nicht davon abhalten zu lassen, die Dinge zu verwirklichen, die Sie sich für Ihr Leben wünschen.

– MESSEN SIE NEGATIVEN GEDANKEN KEINE BEDEUTUNG
  BEI.
Negative Gedanken kommen Ihnen in den Sinn, um Ihren
Erfolg zu boykottieren. Sie sollten aus Ihren Fehlern lernen, sie hinter sich lassen und nach vorne sehen. Sie sind
in der Lage, Ihre eigenen Entscheidungen zu treffen, außerdem ist es kein Weltuntergang, wenn Sie einen Fehler
machen. Verändern Sie Ihre Gedanken und verwandeln Sie
das Negative in etwas Positives, um das Erreichte genießen
zu können.

– ES IST WICHTIG, SICH VON DEN ERWARTUNGEN ANDE-
  RER ZU BEFREIEN, VON ANSAGEN WIE: »DU SOLLTEST ...«,
  »KÖNNTEST DU ...?«, »ES WÄRE BESSER, WENN ...«.
Geben Sie nicht so viel auf die Meinung anderer und versuchen Sie nicht um jeden Preis deren Anerkennung zu bekommen. Sie sollten sich Ihre Stärken und Schwächen bewusst machen. Sagen Sie sich: »Ich bin verletzlich, und das
ist auch gut so! Schließlich bin ich auch nur ein Mensch.«
Sie sollten Ihre Stärken zu schätzen wissen und Ihre Schwächen als Grenzen sehen, die nun mal jeder hat. Entwickeln
Sie eine positive Einstellung und seien Sie glücklich.

– SETZEN SIE SICH ERREICHBARE ZIELE. HALTEN SIE DURCH.
Bleiben Sie stark und konzentrieren Sie sich nicht auf Details, sondern auf Ihren Traum, das große Ziel. Die Details
lenken Sie nur ab, sie halten Sie auf und blockieren Sie.

– ACHTEN SIE SICH SELBST UND VERZEIHEN SIE SICH.
Wer sich selbst nicht achtet und sich nicht verzeiht, kann
auch anderen Menschen nie so begegnen. Niemand kann
anderen etwas geben, was er nicht besitzt! Sie sollten Ihren
eigenen Wünschen und Bedürfnissen mehr Zeit widmen,
nicht nur Ihren Pflichten.

Wir sollten mehr über uns selbst lachen. Der Humor mindert die Anspannung, die mit einer fordernden Einstellung einhergeht. Das Leben ist ein spannendes und wunderbares Abenteuer, wenn es uns gelingt, uns trotz unserer Fehler zu entspannen, uns zu akzeptieren und zu lieben. Es ist völlig normal, einen Fehler zu machen!

**Wer sich nur mit der größten Perfektion zufriedengibt, wird nie erfolgreich sein, weder nach seiner eigenen Beurteilung noch in den Augen der anderen.**

— SEIEN SIE EXZELLENT, ABER NICHT PERFEKT.

»Exzellenz« ist die Fähigkeit, ständig besser zu werden. Wir sollten offen für Veränderungen sein, flexibel angesichts eines Misserfolgs, und wir sollten wie gesagt die eigenen Fehler akzeptieren. Denn nur dann sind wir in der Lage, sie positiv für uns zu nutzen. Wir sollten den Wunsch entwickeln weiterzumachen. Wir sollten uns für Veränderungen öffnen, für Neues, für das, was kommen wird. Wir sollten eine Haltung der Exzellenz entwickeln. Und – die eigenen Träume nie mehr aufschieben! Wir sollten die großen Projekte, die vor uns liegen, ohne zu zögern umsetzen.

*Eine bekannte Fabel von Félix María Samaniego erzählt von einem perfektionistischen Hirsch, der sich an seinem Spiegelbild in einer wunderschönen, klaren Quelle ergötzte. Er war begeistert von der Schönheit seines Geweihs mit den wertvollen Verästelungen. Allerdings beklagte er sich darüber, dass die Götter ihn nicht mit schöneren, besser proportionierten Gliedmaßen ausgestattet hatten. Es stimmte ihn sehr traurig, seine langen, dünnen und knochigen Beine zu sehen.*

*Während der Hirsch über seine »Unvollkommenheit« klagte, erblickte er einen wilden Hund, und um nicht gefressen zu werden, flüchtete er rasch in den Wald. Doch sein schönes Geweih spielte ihm einen üblen Streich: Es verfing sich in den Zweigen, sodass er im Unterholz hängen blieb. Als alles darauf hindeutete, dass er in den Fängen des Angreifers landen würde, gelang es dem Hirsch, dem sicheren Tod mithilfe seiner dünnen, federnden und »hässlichen« Beine zu entkommen.*

> *Derjenige, der sich mit Einsicht für beschränkt erklärt, ist der Vollkommenheit am nächsten.*
>
> Johann Wolfgang von Goethe

So wie dieser Hirsch konnten vielleicht auch Sie die Schönheit in Ihrem Leben noch nicht erkennen und haben sich von einem perfekten, unerreichbaren Ideal blenden lassen. Es ist nie zu spät. Sie können noch heute beginnen, etwas zu verändern!

Auch ohne perfekt zu sein, können Sie ein glücklicher, erfüllter, freier Mensch sein und das Leben genießen. Sie können sich vom Perfektionismus befreien, von Ihren eigenen Ansprüchen und Forderungen. Sie wurden mit der Fähigkeit geboren, frei zu sein. Die Freiheit ist ein Recht, das Ihnen zusteht.

Wir alle machen Fehler. Ein kluger Mensch lernt aus seinen Fehlern, und ein weiser Mensch lernt aus den Fehlern anderer. Das sollten Sie sich bewusst machen.

Sie sollten keine Angst vor dem Scheitern haben. Machen Sie es zu Ihrem Verbündeten, zu Ihrem besten Freund, um Ihr Ziel zu erreichen. Mögen Ihre Probleme Sie dazu herausfordern, Ihr Potenzial voll zu entfalten und das Beste in sich freizusetzen! Entwickeln Sie Ihren Geist jeden Tag weiter. Denken Sie an Lösungen und machen Sie weder sich noch anderen das Leben unnötig schwer, weil alles perfekt sein soll. Seien Sie unkompliziert. Geben Sie sich heute die Chance, nicht perfekt zu sein, und genießen Sie es.

# 04 Toxische emotionale Bindungen

*Dein Herz ist frei, hab den Mut, ihm zu folgen.*

William Wallace

Eigentlich ist es ziemlich offensichtlich, dass emotionale Beziehungen toxisch werden können, wenn aus Verbundenheit zu starkes Anhaften wird. Dennoch gibt es viele Menschen, die, aus welchen Motiven auch immer, in diesem toxischen Zustand hängen bleiben, der ihnen schadet.

Wie oft hatten Sie bereits das Gefühl, dass Sie ohne den anderen keine Entscheidung treffen könnten? Und wie oft haben Sie gedacht, dass Sie nicht wüssten, wie Sie weiterleben sollten, wenn der andere nicht an Ihrer Seite wäre? Warum tun Sie sich so schwer damit, dass Ihre Kinder erwachsen werden? Warum verunsichert Ihr Partner Sie so sehr? Warum versuchen Sie mit all Ihrer Kraft, »alles unter Kontrolle zu haben«? Warum hoffen Sie, dass andere Sie glücklich machen?

Diese Reaktionen sind typisch für das toxische Anhaften. Doch diese Emotion lässt sich überwinden.

**Toxisches Klammern kann sich negativ auf unsere Persönlichkeit und unser Potenzial auswirken.**

Unter toxischem Klammern leiden Männer und Frauen, deren Selbstwertgefühl so manipuliert worden ist, dass sie sich nicht mehr als vollwertige Personen erachten, die in der Lage sind, alles zu schaffen, was sie sich vornehmen.

Diese Menschen glauben, der andere sei viel wichtiger als sie selbst. Aufgrund dieser falschen Überzeugung mindern sie sich selbst herab und machen sich schlecht. Alle Belange der anderen sind wichtig, nur ihre eigenen nicht. Folglich betrachten sie ihr Leben mit Geringschätzung und Verachtung.

Machen wir uns solche Verhaltensmuster und Überzeugungen zu eigen, werden wir nicht nur abhängig von anderen, sondern wir versuchen bei bestimmten Gelegenheiten, die Kontrolle zu übernehmen, oder konzentrieren uns auf eine obsessive Weise auf die Bedürfnisse und Probleme anderer.

Ein Mensch, der auf eine toxische Weise klammert, denkt, er müsse sich um andere kümmern, damit es ihnen an nichts fehlt und damit ihnen nichts passiert. Dabei läuft er Gefahr, seine eigenen Bedürfnisse und sein eigenes Leben zu vernachlässigen. Kommt Ihnen das bekannt vor?

## 1. Wer auf toxische Weise klammert, ist co-abhängig

Ein co-abhängiger Mensch lebt mit vielen Ängsten und noch mehr Frustrationen. Seine größte Sorge ist, was mit seinem Leben passieren wird, wenn der andere – dem er das Recht übertragen hat, über sein Leben zu bestimmen – ihn verlässt. In der Regel wird er mit der Zeit vom anderen völlig abhängig.

Es gibt Frauen, die einen Mann an ihrer Seite brauchen, obwohl er sie schlecht behandelt oder sogar missbraucht. »Sie braucht ihn.«

Natürlich kommt diese Form der Abhängigkeit nicht nur beim weiblichen Geschlecht vor. Davon abgesehen können wir heute von unserem Partner abhängig sein und morgen vielleicht von einem Wort der Anerkennung unseres Chefs oder von der Meinung anderer. Aufgrund dieser Abhängigkeit übergehen wir unsere eigenen Vorlieben und Wünsche.

Eine co-abhängige Person übergibt die Kontrolle über ihre

Emotionen und Entscheidungen einem anderen. Sie sagt Dinge wie: »Du wirst mich glücklich machen« oder »Du wirst die Leere in mir ausfüllen«. Damit setzt sie zu viele Erwartungen in den anderen.

Der Psychologe Juan A. Bernad findet dafür folgende Definition: »Eine Form der Selbstverachtung besteht darin, sich bedingungslos dem Urteil anderer zu unterwerfen, ohne sich bewusst zu machen, welchen Preis man dafür bezahlt. Häufig führt das zur Negierung und Zerstörung des Selbst, und gegebenenfalls riskiert man so, potenziell zum Opfer von Missbrauch zu werden.

Daher sollten wir erkennen, dass wir häufig zu extrem auf leise Kritik anderer reagieren. Wir nehmen sie zu ernst und vergessen darüber wichtige Dinge, die weitreichende Auswirkungen auf unser Leben haben. Auf diese Weise tappen wir in eine Falle: Wir passen uns unserer Negativität an und richten unser Leben gemäß der Botschaften anderer aus – die häufig ziemlich unbewusst von ihnen geäußert werden, denen wir aber unverhältnismäßig viel Raum geben.«

In der Regel sieht man dieses Verhalten bei Partnern und Angehörigen von Suchtkranken, die sich von gewaltbelasteten Beziehungen abhängig machen, bei Personen, die von Beziehungen, Liebesaffären und Sex abhängig sind, bei Menschen, die Missbrauch oder sexueller Belästigung ausgesetzt waren, bei Menschen, die als Kinder keine Wertschätzung erfahren haben, und denen vermittelt wurde, ihr Leben sei »ohne die anderen« wenig oder nichts wert.

## 2. Test: Sind Sie co-abhängig?

Sind Sie ein co-abhängiger Mensch? Kreuzen Sie in der folgenden Liste jeweils an, was auf Sie zutrifft:

| | Ja | Nein |
|---|---|---|
| 1. Ich fühle mich verantwortlich für das Leben anderer, für ihr Verhalten und auch dafür, wie sie denken und fühlen. | X | |
| 2. Ich sage immer »Ja«, selbst wenn ich eigentlich »Nein« sagen möchte. | | X |
| 3. Ich habe ständig den Wunsch, anderen bei ihren Problemen zu helfen, ob sie mich darum bitten oder nicht. | X | |
| 4. Ich glaube, dass andere mich glücklich machen sollten. | X | |
| 5. In der Regel treiben mich Schuldgefühle und ein starkes Gefühl der Verpflichtung an. | X | |
| 6. Aufgrund der Probleme geliebter Menschen kann ich das Leben nicht genießen. | X | |
| 7. Wenn die anderen sich so verändern, wie ich es gerne hätte, werde ich glücklich sein. | X | |
| 8. Wenn ich mich nicht um einen anderen Menschen kümmere, hat mein eigenes Leben nicht viel Sinn. | | X |
| 9. Wenn andere schlecht über mich sprechen und mich kritisieren, fühle ich mich in der Regel angegriffen. | X | |
| 10. Ich sage nur selten, wie es mir geht. Ich glaube, es interessiert die anderen nicht sonderlich. | X | |

Wenn Sie mehr als drei Fragen mit Ja beantwortet haben, sind Sie eine co-abhängige Person. Antworten Sie ehrlich auf die folgenden Fragen.

– Haben Sie sich mit einer der oben stehenden Aussagen identifiziert?
– Wie häufig hören Sie sich selbst so etwas sagen?

*In einer Fabel erzählt Äsop von einer Füchsin, die auf Felsen herumsprang. Plötzlich drohte sie abzustürzen. Um den Fall zu vermeiden, hielt sie sich an einem Dornbusch fest. Doch die Dornen*

*des Strauchs zerstachen ihre Pfoten und fügten ihr große Schmer-*
*zen zu. Daher sagte sie zu dem Dornbusch:*
*»Ich habe mich Hilfe suchend an dich gewandt, aber du hast*
*mich verletzt!«*
*Darauf erwiderte der Dornbusch:*
*»Du bist selbst schuld, meine Freundin, da du dich an mich ge-*
*klammert hast. Dabei weißt du ganz genau, wie gut ich andere*
*mit meinen Dornen festhalten und stechen kann. Da bist du keine*
*Ausnahme!«*

Wenn wir, wie die Füchsin aus der Geschichte, das Gefühl
haben, uns der Welt nicht alleine stellen zu können, und uns
aus Angst davor, abzustürzen, an einen anderen Menschen
klammern und ihn zu unserem Rettungsanker oder zu unserem Krückstock machen, werden wir früher oder später Verletzungen davontragen.

> **Die Co-Abhängigkeit ist toxisch und widerspricht**
> **unserem natürlichen Drang nach Freiheit und**
> **Individualismus, der uns angeboren ist. Daher**
> **führt sie stets zu Verletzungen.**

Aber keine Sorge – Verhalten wird erlernt und lässt sich daher
auch wieder verlernen. Wir müssen lediglich unsere Schwächen erkennen, daran arbeiten und unser Selbstwertgefühl
stärken. Dann können wir uns von anderen lösen und uns
mit der uns innewohnenden Freiheit bewegen, die wir noch
nie genutzt haben.

### 3. Phantombild einer co-abhängigen Person

Angstvoll und unsicher erlebt eine klammernde Person Emotionen, die ihr die Lust und die Fähigkeit rauben, das Leben

in vollen Zügen zu genießen. Betrachten wir einige Verhaltensweisen, die einen co-abhängigen Menschen charakterisieren:

- ER IST EIN UNSICHERER MENSCH. Der Co-Abhängige gibt sich selbst auf. Er ist von der Meinung anderer abhängig und verhält sich dementsprechend.
Da er die anderen für wichtiger hält als sich selbst, braucht er stets eine fremde Meinung, die er dann überbewertet. »Was würdest du an meiner Stelle tun?«, »Was hältst du davon?«, »Wie denkst du darüber?« Die Meinung der Menschen in seinem Umfeld wird zu seinem Entscheidungsmotor.

> *Freiheit heißt Verantwortung. Deshalb wird sie von den meisten Menschen gefürchtet.*
>
> George Bernard Shaw

- ER IST EIN KONTROLLFREAK. Da der Co-Abhängige den anderen unbedingt braucht, um glücklich zu sein, wird er zum Kontrollfreak und manipuliert sein Umfeld, um alles und jeden unter Kontrolle zu behalten. In Wirklichkeit leiden solche Leute unter einem tiefen emotionalen Schmerz, den sie noch nicht überwinden konnten.

- ER ZWEIFELT AN SEINEN FÄHIGKEITEN. Er fühlt sich nicht dazu in der Lage, sich alleine mit der Welt auseinanderzusetzen. Manche Co-Abhängige meinen, sie bräuchten einen liebevollen Bodyguard, eine emotionale Stütze, um sich dem Leben, der Welt und ihren Problemen zu stellen. Ihre Unsicherheit und ihre Ängste hindern sie daran, Entscheidungen zu treffen. Aufgrund dieser Merkmale sucht der Co-Abhängige jemanden, der »stark und sicher« wirkt, damit dieser ihm hilft, die Probleme und Krisen des Lebens zu meistern.

Die gesamte Energie des Co-Abhängigen ist beim anderen deponiert. Sein Lieblingsspruch lautet: »Ich kann nicht alleine mit der Welt fertigwerden, ich brauche jemanden.« Eine solche Aussage verurteilt uns dazu, von den Entscheidungen anderer abhängig zu sein.

*Es binden Sklaven-*
*fesseln nur die Hände.*
*Der Sinn, er macht*
*den Freien und den*
*Knecht.*

Franz Grillparzer

Jede toxische Anhaftung führt zu Leid und Schmerz. Wir können uns allerdings nicht nur an Menschen klammern, sondern auch an Orte, Umstände, Begebenheiten, Überzeugungen oder Gewohnheiten. Jedes Einzelne davon dient uns als innere Stütze. Das Problem ist dabei nie das Objekt oder die Person, an die wir uns klammern oder die wir kontrollieren möchten, sondern unser eigener Geist.

Daher ist es auch nicht nötig, sich von bestimmten Personen zurückzuziehen, uns von bestimmten Dingen zu lösen oder gar den Wohnort zu wechseln. Wichtig ist unsere Haltung gegenüber Menschen und Dingen.

Wir sollten Flexibilität nicht mit Schwäche verwechseln. Im Gegenteil. Ein flexibler Mensch ist stark, aber nicht starr. Er ist gefestigt, aber nicht unbeweglich. Die Perspektive zu verändern heißt, eine flexible Einstellung zu haben, die uns gestattet, Alternativen zu erkennen.

## 4. An erster Stelle komme ... ich!

Es ist sehr schwierig, neue Erfahrungen zu machen und neue Menschen und Orte kennenzulernen, wenn Sie sich auf toxische Weise an Ihre aktuelle Situation klammern.

Sie können mit dieser schädlichen Anhaftung aufhören, wenn Sie bestimmte Gewohnheiten und Einstellungen verändern und sich aus der Co-Abhängigkeit befreien. Sobald

Sie bereit dazu sind, sollten Sie sich an die erste Stelle setzen.

*Mich an die erste Stelle setzen – was heißt das?*

– ES BEDEUTET, SICH SELBST ZU AKZEPTIEREN.
Es ist von entscheidender Bedeutung, sich selbst anzunehmen, zu lieben und gut für sich zu sorgen. Andernfalls machen Sie nämlich letztlich nach, was andere tun. Doch Sie sind keine Kopie von anderen, sondern ein Original; kein anderer ist »aus Ihrem Guss«. Sie haben Ihre eigenen Fähigkeiten und Qualitäten und müssen niemand anderer sein. Seien Sie glücklich mit der Person, die Sie sind, und lösen Sie sich von den anderen. Erfolgreiche Menschen zeichnen sich stets durch eine einzigartige Eigenschaft aus, die sie vom Rest unterscheidet.

– ES BEDEUTET, SICH SELBST ZU RESPEKTIEREN.
Wenn Sie nicht lernen, sich selbst zu respektieren, behandeln Sie andere schlecht, und die anderen gehen schlecht mit Ihnen um. Sie können nicht erwarten, dass jemand Ihnen respektvoll begegnet, wenn Sie sich selbst nicht achten. Ebenso wenig werden Sie in der Lage sein, andere zu respektieren. So wie Sie mit sich selbst umgehen, so gehen Sie auch mit anderen um.

– ES BEDEUTET, MIT ABSOLUTER SICHERHEIT ZU WISSEN, WIE IHR TRAUM AUSSIEHT.
Wenn Sie Ihrem Traum keine Priorität geben, werden Sie den Traum anderer Menschen leben. Heutzutage wissen viele Menschen nicht, wofür sie leben. Sie haben keine Ahnung, warum sie auf dieser Welt sind. Sie haben weder Projekte noch Ziele, die sie verwirklichen möchten, und im Laufe der Jahre werden sie von einer Traurigkeit befallen, weil sie aufgehört haben zu träumen. Möglicher-

weise haben Sie sich der Verwirklichung von Träumen anderer Menschen gewidmet und diese gelebt, anstatt ihren eigenen Traum zu entdecken.

**Nur wer seinen eigenen Traum genau kennt, ist in der Lage, anderen bei der Verwirklichung ihrer Träume zu helfen.**

Michelangelo hat die Decke der Sixtinischen Kapelle bemalt. Hätte er den Boden bemalt, wäre das Fresko heute bereits verblasst. Leben Sie nicht die Träume anderer, sondern verwirklichen Sie Ihre eigenen! Sie wurden mit der Fähigkeit geboren, jeden einzelnen Traum zu verfolgen und umzusetzen. Visualisieren Sie sich zunächst als die Person, die Sie gerne werden möchten. Dann werden Sie auch in nicht ferner Zukunft dieser Mann oder diese Frau sein. Trauen Sie sich, große Träume zu haben.

– ES BEDEUTET, EIGENE FEHLER ZU ERKENNEN.
Wenn Sie Ihre Fehler nicht erkennen, werden Sie ständig Ausreden finden. Sobald Sie einen Fehler machen und nach einer Ausrede suchen (also nach Gründen, warum etwas schiefgelaufen ist), haben Sie bereits zwei Fehler begangen: den Fehler selbst und sich zu rechtfertigen. Wir wollen uns herausreden, wenn wir uns unsere Fehler nicht eingestehen möchten.
Gescheiterte Leute sind Experten darin, Ausreden zu finden. Aber Sie gehören nicht dazu! Nutzen Sie diese Energie, um neue Projekte und glänzende Ideen zu entwickeln. Halten Sie sich nicht mit Ihren Fehlern auf. Versuchen Sie nicht, ein Beweisfoto zu finden. Schauen Sie nach vorn. Wenn Sie inmitten von Schwierigkeiten hinfallen und wieder aufstehen, werden Sie dies gestärkt und etwas weiser tun. Es ist nicht von Bedeutung, ob Sie hinfallen, sondern dass Sie rasch wieder aufstehen. Es kommt nicht darauf

an, was Ihnen im Leben widerfahren ist, sondern darauf, sich immer wieder hochzurappeln. Stehen Sie immer wieder auf! Und erinnern Sie sich stets an Folgendes: »Ein Mensch ist nicht am Ende, wenn er besiegt wird. Er ist am Ende, wenn er aufgibt.«

— ES BEDEUTET, ZUNÄCHST DIE EIGENEN PROBLEME ZU LÖSEN.
Manche Menschen können ihre eigenen Konflikte nicht lösen, befassen sich aber mit den Problemen aller anderen Leute. Zunächst sollten Sie sich um Ihre eigenen Schwierigkeiten kümmern und nicht um die anderer, sonst konfrontieren Sie sich mit dem falschen Problem.
Sie besitzen die nötigen Fähigkeiten und Fertigkeiten, um jedes Problem zu meistern, das sich Ihnen stellt. Haben Sie keine Angst vor Schwierigkeiten. Denn diese haben die Aufgabe, Sie weiterzubringen, statt Sie noch mehr zu verbittern. Gelingt es Ihnen, Probleme als Chancen zu betrachten, werden sie Ihnen helfen, sich weiterzuentwickeln.

## 5. Kann man sich aus einer toxischen emotionalen Bindung lösen?

Ja, es ist möglich! Wenn Sie Ihre Co-Abhängigkeit beenden, sind Sie frei und können mit einer neuen offenen und flexiblen Einstellung gesunde Beziehungen zu allen Menschen aufbauen. Falls Sie jedoch den größten Teil Ihres Lebens von etwas oder jemandem abhängig waren, haben Sie wahrscheinlich Angst vor der Unabhängigkeit. Diese Angst kann lähmend wirken.
Die Abhängigkeit von der Anerkennung anderer lässt unseren Geist an einer unbewussten Überzeugung festhalten,

die in der Formulierung »Ich habe kein/e ...« ihren Ausdruck findet.

Ich möchte gerne ein eigenes Haus haben und nicht länger bei meinen Eltern wohnen, aber ich habe eine perfekte Ausrede: »Ja, aber ich habe kein Geld ...«

> *Der Mensch ist*
> *frei geboren,*
> *verantwortlich und*
> *ohne Entschuldigung.*
>
> Jean-Paul Sartre

Ich möchte ein eigenes Unternehmen gründen und finanziell nicht mehr von meiner Partnerin abhängig sein, doch ich sage: »Ja, aber ich habe keine kreativen Ideen ...«

Ich möchte studieren und einen Universitätsabschluss machen, aber ich sage zu mir selbst: »Ja, aber ich habe nicht die Befähigung dazu ...«

Die Summe all dieser falschen Überzeugungen wirkt wie eine Bremse, die uns – je mehr sie sich in unserem Inneren entwickelt – mit Angst erfüllt und uns daran hindert, die Umsetzung unserer Träume und Ziele in Angriff zu nehmen.

Daher hoffen wir unbewusst, dass sich jemand findet, der unsere Träume teilt. Unsere eigenen Vorstellungen hindern uns daran, all die positiven Dinge zu erreichen, die vor uns liegen. Daher suchen wir stets nach dem anderen, um unseren Traum zu verwirklichen. Und zum Teil ist das nicht schlecht.

Sie sollten sich allerdings bewusst machen, dass sie hundertprozentig die Person ist, mit der Sie sich vereinen sollten.

Wenn Sie glauben, ein Nichts oder nicht gut genug zu sein, und Sie nach einem anderen Menschen suchen, der Ihnen hilft, etwas zu erreichen, laufen Sie Gefahr, sich ausnutzen zu lassen. Sind Sie der Meinung, der andere habe alles, was Sie nicht haben, ob Geld, Fähigkeiten, Intelligenz, Kraft, Lust auf etwas oder Enthusiasmus, befinden Sie sich mit Sicherheit in einer Abhängigkeit von ihm. Und wenn »dieser andere« beschließt, Ihren Traum nicht länger zu teilen, werden Sie sich erneut wie ein Nichts fühlen.

Nur wenn Ihnen absolut klar ist, dass Sie ein hundertprozentig vollkommener Mensch sind und in Ihrem Inneren über alles verfügen, was Sie benötigen, um im Leben zu triumphieren, können Sie sich mit einem anderen vereinen, um ein Team zu bilden, ohne dabei co-abhängig zu werden. Möge es dazu führen, dass Sie sich gegenseitig fördern und außergewöhnliche Ergebnisse erzielen.

## 6. Die Gefahr der Co-Abhängigkeit

Die größte Gefahr beim toxischen Anklammern an einen anderen Menschen besteht darin, dass derjenige, der die Dinge ergänzt, die Sie Ihrer Meinung nach nicht haben, diese in irgendeinem Moment mit Zinsen von Ihnen zurückfordert – selbst wenn es sich um »den besten Menschen der Welt« handelt. Selbst Ihre Mutter könnte zu Ihnen sagen: »Ich, die ich dich zur Welt gebracht habe«, und so tun, als schuldeten Sie ihr etwas für das Leben, das sie Ihnen angeblich geschenkt hat. Und irgendwann haben Sie das Gefühl, für immer in ihrer Schuld zu stehen, weil Sie ihr »Ihr Leben verdanken«.

Einem Naturgesetz zufolge stehen Schulden im Widerspruch zum Wohlstand, denn sie dienen dazu, Sie kleinzumachen. Dabei sind Sie mit dem Wunsch und dem Potenzial auf die Welt gekommen, in jedem Bereich Ihres Lebens zu wachsen und sich weiterzuentwickeln. Sie sollten lernen, die Schuldforderungen so zu verändern, dass sie zu Ihrem Vorteil arbeiten. Wenn Sie sagen: »*Heute* habe ich etwas Bestimmtes noch nicht, aber ich glaube, dass ich *morgen* darüber verfügen werde«, verwandeln Sie Ihr Problem in ein vorübergehendes.

Damit das Naturgesetz zu Ihren Gunsten arbeitet, sollten Sie die folgenden beiden Dinge berücksichtigen:

1. AKTIVE GEDULD. Mit unserem Mund und unseren Worten beschließen wir: »Ich bin zuversichtlich, dass die Dinge sich morgen zum Guten für mich wenden.« Dies ist die Bekundung einer aktiven und flexiblen Erwartungshaltung.

2. AUSDAUER. Trotz auftauchender Hindernisse verfolgen wir unseren Wunsch über eine längere Zeit weiter und bleiben aktiv dran. An diesem Punkt scheitern viele Menschen. Sie wünschen sich etwas, werden aktiv und haben den Wunsch nach wie vor, aber angesichts der ersten Probleme geben sie auf. Anfangs sind sie noch voller Enthusiasmus, tun alles Mögliche, um sich ihren Wunsch zu erfüllen, aber sie halten nicht durch und lassen letztlich zu, dass alles den Bach hinuntergeht.

> **Ausdauer zu haben bedeutet, nicht den Mut zu verlieren und zu erkennen, dass wir zu gegebener Zeit ernten werden, was wir gesät haben.**

Wie lange es dauert, hängt von der Größe Ihres Projektes ab, daher sollten Sie vor allem in schwierigen Momenten durchhalten.

Der größte Wunsch von Demosthenes war, ein großer Redner zu werden, doch er stotterte von jeher. Um sein Ziel zu erreichen, nahm er Kieselsteine in den Mund, um sein Handicap noch zu vergrößern. Wenn es ihm gelänge, mit den Steinen im Mund zu sprechen, so dachte er, würde das Stottern verschwinden, sobald er sie herausnähme. Dann wäre er in der Lage, normal zu sprechen. Um seine Einschränkung zu überwinden, verstärkte er sie.

Er verschärfte das Problem, denn wenn er dieses meistern konnte, würde sein Sprachfehler zweitrangig werden. Manchmal sollten Sie Ihre Probleme vergrößern, damit sie Ihnen letztlich einfacher erscheinen.

**Verstärken Sie Ihre Einschränkungen, dann werden Sie Ihr wahres Können erkennen.**

Sie werden eine Kraft entdecken, die größer ist, als Sie dachten. Vielleicht werden Sie Ihr Problem wie Demosthenes freiwillig vergrößern müssen, um unabhängig zu werden. Möglicherweise müssen Sie eine größere Anstrengung unternehmen, mehr arbeiten, sich in etwas üben, Ihre Grenzen ausweiten. Aber am Ende werden Sie sagen können: »Meine Probleme waren unbedeutend, sie waren geradezu lächerlich.« Sie können noch viel mehr erreichen als bisher.

*Nicht weil es schwierig ist, wagen wir es nicht, sondern weil wir es nicht wagen, ist es schwierig.*

Seneca

## 7. Die emotionale Abhängigkeit überwinden: einfache Strategien und Techniken

– FANGEN SIE NOCH EINMAL NEU AN.
  Suchen Sie in Ihrem Inneren nach den Dingen oder Worten, die Ihnen bis heute das Gefühl vermitteln, Ihr Leben lohne sich nicht. Weisen Sie all das zurück und fangen Sie noch einmal neu an. Beschließen Sie heute, unabhängig zu sein, ohne Schuldgefühle und ohne zu jammern.
– MERZEN SIE NEGATIVE ÜBERZEUGUNGEN AUS.
  Merzen Sie jede negative Überzeugung in Ihrem Kopf aus, ersetzen Sie Aussagen wie »Ich kann nicht« oder »Ich weiß nicht« durch »Ich kann«. Falls Sie etwas tatsächlich nicht können, verwenden Sie die Aussage »Ich werde es lernen«.
– ÜBEN SIE SICH IN GELASSENHEIT.
  Nehmen Sie dem Leben und Ihrer persönlichen Situation gegenüber eine gelassene Haltung ein, ohne Ihre Entschlossenheit zu mindern, Ihre Ziele zu erreichen.

— SEIEN SIE SICH IHRER STÄRKEN BEWUSST.

Seien Sie sich Ihrer Stärken bewusst, Ihrer »größten Begabungen«, der Dinge, die Sie am besten können. Schätzen Sie diese und arbeiten Sie daran, sie weiterzuentwickeln.

— HALTEN SIE DURCH.

Halten Sie durch. Machen Sie weiter und immer weiter.

— FREUEN SIE SICH.

Suchen Sie nach einem Grund, um sich jeden Tag zu freuen, ohne etwas darauf zu geben, was die anderen tun oder lassen.

— ERKENNEN SIE MÖGLICHKEITEN.

Üben Sie sich darin, stets Möglichkeiten zu erkennen, wo andere Probleme sehen.

*Jede einzelne Abhängigkeit kostet Sie ein Stück Ihres Glückes [...] Genauso gut können Sie nach trockenem Wasser suchen wie nach einer Abhängigkeit, die nicht unglücklich macht. Noch niemand hat jemals ein Patentrezept dafür gehabt, das, woran man hängt, ohne Kampf, Angst, Zittern und – früher oder später – ohne Niederlage zu behalten.*

Anthony de Mello, Jesuitenpriester und spiritueller Lehrer[1]

Machen Sie einen Neuanfang und beschließen Sie Folgendes für Ihr Leben: *Die alten Dinge sind vorbei. Nun werden die Karten völlig neu gemischt!*

Und vor allem: Führen Sie nicht das Leben irgendeines anderen! Sie haben das von Gott gegebene Recht, frei zu sein. Sie wurden geschaffen, um Herr Ihres eigenen Lebens zu sein. Der Regisseur Ihres eigenen Films. Wagen Sie es, unabhängig zu sein. Klammern Sie sich an nichts und niemandem fest. Der Einzige, der Ihrem Leben Wert und Sinn verleiht, sind Sie mit Ihren Träumen, Ihren Erfolgen und Ihren erreichten Zielen.

---

1  Anthony de Mello: Wie ein Fisch im Wasser. Aus d. Englischen übersetzt v. Irene Johna. Herder, Freiburg 1992, S. 17.

Wenn Ihre Träume aus der Vergangenheit für immer verloren gegangen sind, lassen Sie neue entstehen. Kämpfen Sie dafür. Sie sind ein Sieger!

Durchbrechen Sie den Teufelskreis des«Ich habe kein/e ...«. Rechnen Sie mit unendlichen Ressourcen – Intelligenz, Freude, Kreativität – und einem inneren Potenzial, das Ihnen hilft, die wunderbarsten Dinge zu erreichen, wenn Sie es voll ausschöpfen; Dinge, die Sie sich bisher nie vorstellen konnten. Sie verfügen über die nötige Weisheit, um jedes Problem zu meistern. Weisen Sie die Aussage »Ich kann nicht« für immer weit von sich. Sie können alles erreichen, was Sie sich vornehmen, denn Sie besitzen all die Fähigkeiten und Fertigkeiten und genug innere Stärke, um Ihre Träume zu verwirklichen. Ihr Potenzial kennt keine Grenzen. Der Einzige, der Ihnen Grenzen setzen kann, sind Sie selbst. Und jede Begrenzung beginnt in Ihrem Kopf. Setzen Sie sich in Bewegung, verlassen Sie sich auf sich selbst und auf niemand anderen. Trauen Sie sich, frei zu sein! Bereuen Sie nichts.

Es lohnt sich absolut, frei zu sein!

> *Die Freiheit, Sancho, ist eine der köstlichsten Gaben, die der Himmel dem Menschen verliehen; mit ihr können sich nicht die Schätze vergleichen, welche die Erde in sich schließt noch die das Meer bedeckt. Für die Freiheit wie für die Ehre darf und muss man das Leben wagen.*
>
> Don Quijote de la Mancha

# 05 Toxischer Ärger

*Wer seine Wut beherrscht,*
*der bezwingt seinen schlimmsten Feind.*

Konfuzius

All unsere Emotionen sind vorhanden, damit wir sie wahrnehmen. Dazu gehört auch der Ärger. Er ist etwas Normales und Universelles. Je nachdem, in welchem Zusammenhang er entsteht, kann der Ärger Energien freisetzen oder toxisch wirken.

So ärgern wir uns manchmal, wenn unsere Erwartungen nicht erfüllt werden: wenn wir zum Beispiel etwas Bestimmtes erhoffen, aber etwas anderes geschieht.

Wird der Ärger auf positive Weise kanalisiert, ist er eine emotionale Kraft, die uns vorwärtsbringt, Hindernisse überwinden lässt und Bestandteil der Resilienz sein kann. Es hängt davon ab, wie wir mit dieser Emotion umgehen, auf welche Weise wir sie zum Ausdruck bringen. Je nachdem, wie wir uns verhalten, ist der Ärger also positiv oder negativ.

## 1. Vom Ärger zur Gewalt

Viele Menschen verwechseln Ärger mit Gewalt, doch hier müssen wir unterscheiden. Wie gesagt, ist der Ärger eine normale Emotion. Sie ist heilsam und bei jedem Menschen völlig natürlich. Gewalt anzuwenden ist dagegen ein toxisches und krankhaftes Verhalten. Die Gewalt ist eine toxische Form, den Ärger zum Ausdruck zu bringen.

**Ärger ist Energie. Wenn wir ihn sinnvoll nutzen, kann er uns dabei helfen, schwierige Situationen zu überwinden.**

Angenommen, wir haben etwas Bestimmtes vor: Wir wollen zum Beispiel zu einer bestimmten Uhrzeit mit dem Auto irgendwohin fahren. Doch plötzlich, »rums«, demoliert jemand den Kofferraum unseres Autos, das wir gerade erst vom Händler abgeholt haben! Höchstwahrscheinlich reagieren wir zunächst wütend und denken nicht: »Die arme Frau. Bestimmt haben ihre Bremsen versagt. Vielleicht hat sie mein Auto angefahren, weil sie wegen einer wichtigen Angelegenheit in Gedanken war ...«. Nur selten denken wir so, um nicht zu sagen, nie.

Spontan reagieren wir verärgert. In der Psychologie wird dieses Verhalten als »Frustration« bezeichnet, und meistens ist unsere Reaktion in einem solchen Fall heftig. Doch egal, in welcher Situation wir uns auch befinden mögen, wir dürfen nicht zulassen, dass aus dem Ärger Gewalt wird. Wir sollten bestimmte Strategien verinnerlichen, um nicht zu »explodieren«.

## 2. Mythen über unsere Gemütsverfassung

Im Laufe unseres Lebens entwickeln wir falsche Vorstellungen über den Ärger. So wird uns zum Beispiel vermittelt, dass es zwei Formen der Wut gibt: Entweder die Wut ist entfacht oder sie wird erstickt. Aber wir haben keinen Begriff für den Zustand dazwischen. Diejenigen, die diesen Mythos verinnerlichen, verfügen nur über diese beiden Reaktionsformen. Es gibt für sie keine Graustufen: Entweder sie explodieren oder sie behalten ihre gesamte Wut für sich.

Mittlerweile weiß man, dass es verschiedene Wutniveaus gibt. Das lässt sich durch verschiedene Alarmstufen – gelb, rot und schwarz – veranschaulichen. Jede Farbe zeigt an, wie groß der Ärger ist, wobei Schwarz die Explosion bedeutet.

Möchten wir vermeiden, dass unser Ärger zu einer toxischen Emotion wird, ist es am heilsamsten, uns zunächst bewusst zu machen, dass wir alle ein Recht darauf haben, uns zu ärgern. Darüber hinaus sollten wir erkennen, über welche verschiedenen Mittel wir verfügen, um uns nicht vom toxischen Ärger dominieren zu lassen. Wir sollten uns zum Beispiel vergegenwärtigen, dass wir selbst unser Verhalten steuern. Wir haben die Kontrolle über uns selbst und unsere Reaktionen. Nicht mehr und nicht weniger.

Wie oft haben Sie schon gesagt: »Mir ist lediglich die Hand ausgerutscht. Das ist halb so schlimm.«?

Wie oft haben Sie schon Worte bereut, die Sie nie hätten sagen sollen?

Wie oft haben Sie Ihre Wut an der falschen Person ausgelassen?

Falls Sie bereits häufig so reagiert haben, empfehle ich Ihnen, etwas bei den folgenden Ausführungen zu verweilen, bevor Sie weiterlesen.

Einem bekannten Märchen zufolge gibt es vier Dinge im Leben, die man nicht zurückholen kann:

1. *einen Stein, der fortgeschleudert wurde;*
2. *ein Wort, das gesagt wurde;*
3. *eine Gelegenheit, die verpasst wurde;*
4. *Zeit, die verstrichen ist.*

Gewalt anzuwenden ist ein anormales Verhalten, das zum Ziel hat, andere zu verletzen. Es gibt unterschiedliche Gründe, warum der Ärger bei manchen in rasende Wut und Gewalt umschlägt.

Wir sollten uns über folgende Dinge im Klaren sein:

- JE FRUSTRIERTER EIN MENSCH IST, DESTO MEHR AGGRESSIONEN HAT ER.

Zur Frustration kommt es, wenn wir auf ein Hindernis stoßen, das uns davon abhält, unser Ziel zu erreichen. Wenn jemand das Hindernis als etwas Frustrierendes erlebt, als Behinderung, reagiert er sofort mit Aggression. Es gibt Menschen mit einer sehr geringen Toleranz angesichts eines »Neins«. Und jedes Hindernis, das sie blockiert, führt dazu, dass sie vor Wut explodieren.

- AUFGRUND FALSCHER ÜBERZEUGUNGEN WIRD GEWALT ALS »ETWAS NORMALES« BETRACHTET.

Jedes Mal, wenn jemand einer Form von Gewalt ausgesetzt ist, kommt es zu einem psychologischen Reflex, der als Desensibilisierung bezeichnet wird: Je mehr Gewalt dieser Mensch erlebt, desto normaler erscheint sie ihm. Diese scheinbare Normalität führt dazu, dass die Person sich aggressiv oder gewaltbereit verhält, als wären das normale Umgangsformen. Plötzlich wird es zu etwas Alltäglichem, zu schreien, etwas zu zerstören oder andere zu beleidigen. Denken wir nur an die Bilderflut voller Gewalt, die wir jeden Tag im Fernsehen sehen. Nachdem wir zahllose Entführungen, Tote, Drogendelikte, Raubüberfälle und endlos viel Brutalität gesehen haben, stumpfen wir irgendwann ab. Und dann empfinden wir diese Dinge als normal und natürlich.

- ES GIBT VERSCHIEDENE PERSÖNLICHKEITSTYPEN.

Die Gewaltbereitschaft tritt bei Menschen des »Typs A« auf. In der Psychologie wird dieser Typ A durch drei Merkmale charakterisiert. Erstens handelt es sich um Menschen mit ausgeprägtem Konkurrenzdenken: Sie vergleichen sich stets mit anderen und sehen sich in einem ständigen Wettbewerb mit ihnen. Zweitens arbeiten sie gegen die Uhr: Sie befinden sich permanent unter Druck oder Stress, der sich nicht abbaut. Drittens – und das ist ihr charakteristischstes Kennzeichen – sind sie äußerst intolerant. Diese Leute haben eine niedrige Toleranzschwelle. Sie fahren schnell aus der Haut und schimpfen. Außerdem rutscht ihnen leicht die Hand aus. Diese drei Merkmale führen zu stärker aggressiven, gewaltbereiten Personen.

Zwischen Ärger und Gewalt verläuft ein schmaler Grat. Die Konsequenzen einer einfachen Verärgerung und einer Gewaltattacke sind allerdings völlig verschieden. Es ist überaus wichtig, unsere Energien richtig zu kanalisieren. Wenn wir zum Beispiel an Alternativen denken und uns fragen, wie wir ein Problem lösen können, sind wir in der Lage, unseren Ärger positiv und gezielt zu nutzen. Richten wir unseren Ärger jedoch gegen das, was uns frustriert, werden wir sicherlich keine Lösung finden.

Wie oft hat das Leben Nein zu Ihnen gesagt, und wie oft haben geliebte Menschen es getan? Wie oft haben Sie ein Nein von Menschen bekommen, denen Sie am meisten vertraut haben?

Es war gewiss oft der Fall. Doch die gute Nachricht lautet: Es kommt nicht darauf an, wie oft man im Leben ein Nein erhalten hat. Wichtig ist vielmehr, dass Sie sich heute entscheiden, wie Sie in Zukunft leben sollten.

*Haben Sie so etwas schon einmal erlebt?*

Sie sind in Eile und zu spät dran für die Arbeit, und als Sie zum Bus rennen, wartet der Fahrer nicht auf Sie, sondern fährt einfach los ... Oder Sie kommen zur U-Bahn-Station, stellen sich als braver Bürger in der Schlange an und warten darauf, an die Reihe zu kommen. Da drängelt sich jemand vor, ohne um Erlaubnis zu fragen. Als Sie aus der U-Bahn aussteigen, werden Sie rüde von hinten geschubst, aber niemand entschuldigt sich bei Ihnen. Aber damit nicht genug. Zu allem Überfluss fährt auch noch ein Auto mit hoher Geschwindigkeit an Ihnen vorbei, sodass Ihre Kleidung mit Dreck vollgespritzt wird ... und genauso beginnt häufig unser Tag. Erneut stellt sich die Frage: Ist es normal, sich über solche Dinge zu ärgern? Und abermals lautet die Antwort: Ja! Nicht heilsam ist es dagegen, aufgrund solcher Ereignisse am Morgen den ganzen Tag über schlechte Laune zu haben. Wenn wir über etwas wütend sind, sollten wir uns daher darüber klar werden, welches Verhalten uns »angemessen« erscheint, bevor wir uns bewusst entscheiden, inwieweit wir uns ärgern wollen oder nicht.

### 3. Ich habe mich geärgert. Was soll ich nun tun?

Das Schlimmste, was wir mit toxischem Ärger machen können, ist, ihn unter unsere Kontrolle zu bringen, denn er lässt sich nicht gerne dominieren. Trotzdem müssen wir ihm Grenzen setzen. Wir sollten uns daher bewusst für bestimmte Reaktionen entscheiden, bevor der Ärger es für uns tut.

*Erstens: Bestimmte Verhaltensweisen fördern*
Die Frage ist, was machen wir mit dem Ärger? Im Rahmen der vorhandenen Möglichkeiten können wir vier Dinge tun:

1. PASSIV REAGIEREN: In diesem Fall behält man den Ärger für sich, ist sich allerdings nicht einmal bewusst, dass man ihn unterdrückt. Viele Menschen kapseln den Ärger in ihrem Körper ein und entwickeln in der Folge ernste Krankheiten. Solche Leute sind häufig Duckmäuser. Sie erkennen nicht, dass sie sich geärgert haben. Die große Mehrheit der Menschen mit Depressionen leidet unter diesem Syndrom.

2. AUF PASSIV-AGGRESSIVE WEISE REAGIEREN: In diesem Fall unterdrückt der Betroffene seinen Zorn, um ihn anschließend auf zugespitzte oder sarkastische Weise zum Ausdruck zu bringen. Wenn er den Ärger zurückhält, entwickeln sich eine Reihe von extrem toxischen Reaktionen. Bei Leuten, die den Zorn speichern und sich dessen bewusst sind, entsteht das Syndrom der *Zeitbombe*. Oder es kommt zum Syndrom des *langsam wirkenden Gifts*, das tröpfchenweise freigesetzt wird. Es findet sich bei Leuten, die ihre Wut zunächst hinunterschlucken und dann nach und nach herauslassen. Wann immer sie die Gelegenheit dazu haben, machen sie Anspielungen und sticheln, um ihr Unbehagen zum Ausdruck zu bringen.

3. EXPLODIEREN: Bei jeder Frustration reagiert die Person sich ab, indem sie etwas zerstört, verbal oder physisch um sich schlägt und andere verletzt. Ihr Toleranzniveau ist sehr niedrig, und ein »Nein« als Antwort auf einen Wunsch kann sie nicht akzeptieren. Es handelt sich um einen unflexiblen Menschen.

4. AUS DER POSITION DER ÜBERLEGENHEIT HERAUS AGIEREN: Wer sich so verhält, kann seinen Ärger verbal zum Ausdruck bringen und nutzt diese Fähigkeit, um ihn zu bewältigen. Das Problem ist nicht, sich zu ärgern, sondern den Ärger in sich hineinzufressen oder zu unterdrücken. Diese Haltung der Überlegenheit wird von Leuten eingenommen, die nach einer Weile genau sagen können, was sie empfinden. Sie nehmen sich Zeit, um zu verstehen, was ihnen widerfährt und warum sie sich so fühlen. Später suchen sie nach einer Möglichkeit, um es dem richtigen Menschen auf eine nicht aggressive Weise zu erklären.

*Zweitens: Eine Strategie entwickeln*

Wenn wir uns ärgern, vergessen wir, weise zu handeln – was nichts anderes bedeutet, als unseren gesunden Menschenverstand einzusetzen. Genauer gesagt heißt es in diesem Fall:

1. DEN ÄRGER ZU HINTERFRAGEN: In einem Moment, in dem wir uns selbst nicht leiden können, sollten wir uns fragen, warum wir so wütend sind und ob die Sache es wert ist, dass wir uns so darüber aufregen.
   Häufig handelt es sich um einen vorgeschobenen Grund, da uns in Wirklichkeit etwas anderes ärgert. Wir stören uns oft an unwichtigen Dingen, und in diesen Fällen könnten wir es einfach gut sein lassen. Ärgern wir uns aber über etwas Wichtiges und Reales, sollten wir zum nächsten Schritt übergehen.

2. DEN ÄRGER HINAUSLASSEN: Wir sollten Ärger und Wut hinauslassen und die Situation umgehend klären, sonst können sich diese Emotionen als Kopf-, Bauch- oder Rückenschmerzen getarnt bemerkbar machen.
   Solange wir unsere Wut kontrollieren können, müssen wir uns nicht für dieses Gefühl schämen. Wir ärgern uns beispielsweise, wenn wir unserer Meinung nach etwas verdient hätten, es aber nicht bekommen, wenn wir nicht anerkannt werden oder wenn jemand uns beleidigt.

3. DEN ÄRGER IN WORTE FASSEN: Wir dürfen den Ärger nicht in uns hineinfressen. Wir sollten vielmehr *auf eine konstruktive Weise* darüber sprechen, was uns stört. Das ist ein wichtiger Schlüssel für den Umgang mit dieser Emotion! Die folgenden Beispiele veranschaulichen, wie das konkret aussehen kann: »Es ist wichtig für mich, dass du weniger Lärm machst«, »Es ist wichtig für mich, dass du mir achtsam begegnest«. Wir sollten zu Anfang eines Gesprächs

nicht über den anderen sprechen, sondern bei uns selbst anfangen. Wir sollten unserem Gegenüber nichts vorwerfen, sondern ihm Fragen stellen und ihn um konkrete Dinge bitten. Beginnen wir ein Gespräch mit den Worten »Du hast dieses oder jenes gemacht«, verhindern wir von vornherein einen möglichen Dialog. Wir haben es in der Hand, wie wir reagieren: Entweder wir verbergen unseren Ärger oder wir wählen Worte, die zu einer Lösung des Konflikts führen. Wichtig ist, auf unsere eigenen Alarmsignale zu achten. So lernen wir, uns zu schonen, und erkennen, was das Beste für uns ist. Es hat eine positive Wirkung, unseren Ärger herauszulassen, es hebt unser Selbstwertgefühl sowie das Empfinden, mit anderen im Reinen zu sein, vor allem aber mit uns selbst.

**Wir sollten keine Vermutungen darüber anstellen, wie es dem anderen geht, sondern lieber ihn selbst danach fragen.**

Wir versuchen einzuschätzen, wie sich der andere fühlt, und laden uns dabei fremde Schuld auf. Wenn wir gesunde zwischenmenschliche Beziehungen aufbauen möchten, ist es unabdingbar, unserem Gegenüber Grenzen zu setzen. Das Problem ist stets in unserem Inneren zu finden, nicht im Außen. Wir müssen es für uns selbst klären, anstatt vom anderen zu erwarten, dass er sich ändert.

4. DEN RICHTIGEN MOMENT UND ORT WÄHLEN: Ist jemand wütend, empfiehlt es sich, zunächst auf Distanz zu ihm zu gehen. Wenn wir einen zornigen Menschen sehen, sollten wir ihm nicht raten, sich zu beruhigen, denn er wird nur noch ungehaltener darauf reagieren. Wir sollten ihm stattdessen mitteilen, dass wir lieber gehen möchten, da wir selbst beginnen, wütend zu werden, und in diesem

Zustand nicht mit ihm sprechen wollen. Wir sollten ein freundliches Gesicht machen und uns entfernen. Wut ist ansteckend. Ärger ebenso.

5. MEHR INFORMATIONEN SAMMELN: Häufig regen wir uns aufgrund unserer Voreingenommenheit auf oder weil wir jemanden vorschnell verurteilen. In der Bibel heißt es, derjenige sei weise, der seiner Erregung keinen freien Lauf lasse, sondern sie zurückhalte. Wir sollten keine voreiligen Schlüsse ziehen.

6. AUCH DEN KAMPF IM KÖRPER BEENDEN: Manche Menschen haben ihren Ärger gedanklich bereits abgelegt, aber ihr Körper hat weiter damit zu kämpfen. Wenn wir eine stressige Situation überwunden haben, sollten wir in jeder Hinsicht abschalten und die negative Energie so weit wie nötig abbauen – zum Beispiel durch einen Spaziergang oder eine andere Aktivität, die uns zerstreut.

> **Nehmen Sie Ihren Ärger zur Kenntnis, aber leben Sie nicht damit. Lösen Sie sich auf eine heilsame Weise davon.**

Wutgeladene Emotionen reiben uns auf Dauer auf und zehren an uns. Vielleicht weiß die Person, die uns verletzt hat, nicht einmal, was sie angerichtet hat, und ist sich keines Problems bewusst. Wenn wir uns allerdings nicht damit befassen, haben wir das Gefühl, dem Konflikt auszuweichen. Es liegt an uns, sich mit diesen Emotionen auseinanderzusetzen. Nicht der andere ist dafür zuständig, sondern wir.

*Drittens: Auswählen, was wir weitergeben*
Wir sollten uns fragen, was uns guttut, und gezielt auswählen, welche Dinge wir jeden Tag zulassen und verinnerlichen, was

wir uns zur Gewohnheit machen und welche Verhaltensweisen wir fördern wollen, denn *wir geben all das an unsere Kinder weiter.*

Vielleicht fragen Sie sich, welches menschliche Verhalten natürlich ist. Werden wir mit einem Hang zur Gewalt geboren und erziehen uns dann zur Gewaltlosigkeit um? Oder ist es umgekehrt? Erziehen wir uns zur Gewaltbereitschaft und geben von Aggressionen geprägte Verhaltensweisen und Gedanken weiter?

Mit welchem Beispiel gehen wir voran und was vermitteln wir anderen dadurch? Greifen wir andere an und entrüsten uns, weil sie es tun ...?

Vom Moment unserer Geburt an beginnen wir, soziale Kontakte zu unserem Umfeld aufzubauen. Wir sind soziale Wesen und müssen lernen, als solche zu funktionieren. Dabei sind unsere Eltern als Erste für unsere Erziehung verantwortlich.

Als Eltern bringen wir unseren Kindern Konfliktlösungsmodelle bei, ohne uns bewusst zu machen, dass sie unser Verhalten letztlich nachahmen werden.

Als Erwachsene sollten wir unseren Kindern das Prinzip von Gut und Böse sowie konkrete ethische Leitlinien vermitteln. Wir sollten ihnen klarmachen, dass es Dinge gibt, die in jedem Fall schlecht sind und es immer sein werden, zum Beispiel: andere Menschen zu schlagen, zu belügen, zu berauben, zu verletzen, zu beleidigen ...

1. SICH VON DER SITUATIONSETHIK VERABSCHIEDEN: Etwas Unrechtes wird stets unrecht bleiben. Wenn unser Kind etwas aus der Schule mit nach Hause bringt, das ihm nicht gehört, ist es am besten, ihm zu sagen, dass es den Gegenstand am nächsten Tag zurückgeben muss, da ihn bestimmt jemand vermisst. Viele Menschen nehmen allerdings fälschlicherweise an, es handele sich um

eine Lappalie, wenn jemand etwas behält, das ihm nicht gehört. Von ihnen hört man Aussagen wie: »Es ist doch nur ein Modellauto. Unser Sohn sollte es behalten dürfen, sonst fängt er sicherlich an zu weinen ...« Aber diese Haltung ist falsch. Wir müssen uns vom Prinzip der Situationsethik lösen. Ihr zufolge hängt das Gute von den »Umständen« ab. Doch wir dürfen nicht lügen, selbst wenn der andere uns belogen hat. Wir dürfen einen anderen nicht schlagen, auch wenn er uns angeschrien hat. Wir dürfen nichts behalten, was uns nicht gehört, auch wenn uns selbst etwas weggenommen wurde, und so weiter. Etwas Unrechtes wird immer unrecht bleiben.

*Wenn Licht [Rechtschaffenheit] in der Seele ist, ist Schönheit im Menschen. Wenn Schönheit im Menschen ist, ist Harmonie im Haus. Wenn Harmonie im Haus ist, ist Ordnung in der Nation. Wenn Ordnung in der Nation ist, ist Frieden in der Welt.*

*Konfuzius*

2. VERANTWORTLICH HANDELN: Verantwortung übernehmen heißt, die Konsequenzen für unser Handeln zu tragen. Viele Jahre lang vermittelte man Kindern, dass sie sich »wegen allem schuldig fühlen« müssten. Aber Schuldgefühle bringen gar nichts. Besser ist es dagegen, Verantwortung zu übernehmen. Kinder sollten wissen, dass jede Entscheidung Konsequenzen hat und die Konsequenzen somit das Ergebnis unserer Entscheidungen sind. Als Eltern sollten wir ihnen folgende Erkenntnis vermitteln: Niemand kann »mich« provozieren und niemand schafft es, bestimmte Gefühle »bei mir« auszulösen. Denn ich habe »die Fernbedienung« für meine emotionale Welt in der Hand.

Es ist wichtig, konsequent auf das Verhalten unserer Kinder zu reagieren, um die Entwicklung ihrer emotionalen Intelligenz positiv zu fördern. Diese Mühe lohnt sich, denn was unsere Kinder zu Hause lernen, entwickelt sich mit ihnen weiter. Darüber hinaus werden sie es in alle anderen Lebensbereiche hineintragen, in denen sie soziale Kontakte knüpfen.

Es gibt nichts Besseres, als unser Leben Träumen und Zielen zu widmen. Es gibt nichts Besseres als die Erkenntnis, dass wir keine Zeit verloren haben, sondern unsere Zeit in große Träume investiert und diese verwirklicht haben.

**Wer mit sich selbst im Reinen ist, der hat in seinem Geist und seiner Seele keinen Raum für Aggressionen.**

## 4. Probleme und Konflikte lösen: einfache Strategien und Techniken

Der Autor Aldous Huxley hat Folgendes geschrieben: »Tatsachen schafft man nicht dadurch aus der Welt, dass man sie ignoriert.« Und damit hat er recht. Es gibt positive und negative Wege, um unseren Ärger kundzutun. Als zivilisierte Menschen sind wir bestrebt, es auf eine positive Weise zu tun, ohne uns selbst oder andere Menschen in unserem Umfeld zu verletzen.

Halten wir dieses Gefühl in uns zurück, ärgern wir uns weiterhin und fördern toxische Emotionen, die unsere emotionale Gesundheit angreifen.

Sind wir dauerhaft verärgert, schaden wir uns letztlich selbst und isolieren uns von unserem Umfeld. Niemand ist gerne mit eingeschnappten, wütenden, genervten Menschen zusammen, die nur noch auf eine negative Weise mit anderen sprechen und sie entsprechend behandeln.

**Das Leben hat seine eigene Last. Daher sollten wir mit allen Mitteln versuchen, uns und anderen das Leben einfacher zu machen.**

Hier sind einige Vorschläge, die Sie in die Praxis umsetzen können:

- WERFEN SIE ALTE VORSTELLUNGEN ÜBER BORD.
Wenn wir das nicht tun, können wir keine neuen Ideen entwickeln. Häufig haben wir überkommene Ideen im Kopf, und je länger wir sie mit uns herumtragen, desto mehr sind wir davon überzeugt, dass sie richtig sind, selbst wenn es sich um Unsinn handelt. Wir sollten jede falsche Idee rigoros über Bord werfen und uns so weit wie nötig mit anderen Menschen austauschen, um klare und richtige Gedanken in unserem Geist und unserer Seele zu fördern.

*Wer sich selbst beherrscht, ist besser als einer, der Städte gewinnt.*

Salomo

- LEUGNEN SIE PROBLEME NICHT.
Es ist wichtig zu erkennen, dass ein Problem existiert, dass es aber nicht lange vorhanden sein wird.

- NEHMEN SIE DINGE NICHT PERSÖNLICH.
Wenn jemand ein Problem mit uns hat, sollten wir es nicht sofort persönlich nehmen. Wir sollten vielmehr lernen, gut zuzuhören. Im Zuhören liegt Stärke, denn wer eine Information bekommt, hat eine gewisse Macht. So sagte Salomo: »Wer weise ist, der höre zu und wachse an Weisheit ... Wer antwortet, bevor er gehört hat, gibt sich als Narr zu erkennen.«
Zuzuhören bedeutet, den anderen nicht zu unterbrechen und die eigene Position nicht ständig zu betonen. Wir sollten unser Gegenüber dazu auffordern, seinen Ärger bestmöglich zum Ausdruck zu bringen. Zuhören zu können

ist ein wirkungsvolles Instrument, und heutzutage ist es für viele Menschen wichtiger als je zuvor, dass man ihnen zuhört.

*Das Geschenk des Menschen schafft ihm Raum.*

Salomo

— LOBEN SIE ANDERE.

Es ist schwer, sich mit jemandem zu streiten, der uns hilft und uns mag. Wir ernten das, was wir säen. Säen Sie Lob, ein paar Worte der Bewunderung, wie etwa: »Sie haben sich sehr viel Mühe gemacht!«, »Das haben Sie sehr gut gemacht/ hinbekommen!« Wenn wir aufmunternde Worte säen, Worte der Zuneigung und Rücksichtnahme, eröffnen sich neue Wege inmitten von Konflikten.

— LÖSEN SIE AUTOAGGRESSIVES VERHALTEN AUF.

Wir sollten nach Möglichkeit gegen aggressives Verhalten anderer angehen, ohne unsere Autoaggressionen zu vergessen. In uns existieren ebenfalls aggressive Gedanken, die wir manchmal gegen uns selbst wenden. Es handelt sich um unterdrückte Wut und Ärger, die wir nicht zeigen, um es uns mit anderen nicht zu verderben. Manche von uns tun sich Gewalt an, da sie es sich nicht gestatten, gegenüber den Menschen, die ihnen am nächsten sind, zu äußern, was los ist. Möglicherweise haben sie beschlossen, Wut, Angst und Einsamkeit zu ertragen, um nicht darüber reden zu müssen ... Das ist der schnellste Weg, aber er schenkt uns nicht die nötige Kraft, um unser Leben zu verändern. Niemand außer uns selbst kennt unsere geheimen Gedanken und Gefühle. Andere Menschen wissen nicht, welche Veränderungen wir durchmachen. Manchmal bringt ein längerer Weg größere Anstrengungen mit sich und erfordert ein größeres Durchhaltevermögen, aber dieser Weg führt uns mit Sicherheit zum Ziel.

**Wir sollten lernen, unseren Ärger zum Ausdruck zu bringen.**

— MACHEN SIE SICH BEWUSST, DASS DIE GEGENWÄRTIGE SITUATION DAVON ABHÄNGT, WIE WIR UNSERE ZUKUNFT SEHEN.
Werden wir in einem bestimmten Moment unseres Lebens zurückgewiesen, so gibt es stets andere Menschen, die auf ein Wort von uns warten. Wenn jemand uns ablehnt, sind wir nicht weit entfernt von Menschen, die uns so akzeptieren, wie wir sind, und uns unterstützen.
Wenn wir von anderen ausgegrenzt werden, sollten wir uns nichts daraus machen, sondern uns nach neuen Kreisen umsehen. Manche Menschen greifen uns an, weil sie möchten, dass wir so sind wie sie, aber niemand kann vorwärtskommen, wenn er zurückblickt. Wir dürfen uns unser Verhalten nicht von anderen vorschreiben lassen. Vielleicht wird uns jemand, der uns einst zurückgewiesen hat, später einmal brauchen.

**Richtet sich unsere Wut gegen andere, führt sie zur Anspannung. Nutzen wir sie jedoch, um ein Problem zu lösen, führt dies zur Entspannung.**

— SIE SOLLTEN IHRE GESAMTE WUT EINSETZEN, UM LÖSUNGEN ZU FINDEN, DENN SIE SIND FÜR GROSSE DINGE GESCHAFFEN.
Wir sollten uns erlauben, frei zu reden und zu agieren, bestimmte Dinge zu akzeptieren und andere abzulehnen, die wir nicht in unserem Leben haben möchten. Jede Lösung für unsere Probleme ist in unseren positiven Gedanken zu finden. Daher sollten wir positiv über uns selbst sprechen und positiv denken.
Wir besitzen Gene, überliefertes Wissen und das Potenzial, alles zu erreichen, was wir uns vornehmen. Wir sollten uns

alles zunutze machen, was uns inspiriert, was uns guttut, stärkt und dabei hilft zu wachsen und bessere Menschen zu werden.

*Eine arabische Sage erzählt von zwei Freunden, die gemeinsam durch die Wüste wanderten. Während ihrer Wanderung kam es zu einem Streit, und der eine verpasste dem anderen eine Ohrfeige.*

*Dieser war gekränkt und schrieb, ohne etwas zu sagen, folgende Worte in den Sand: »Heute hat mich mein bester Freund ins Gesicht geschlagen.«*

*Dann setzten die beiden ihre Wanderung fort und kamen schließlich zu einer Oase. Dort beschlossen sie zu baden. Der Freund, der geohrfeigt und gekränkt worden war, drohte plötzlich zu ertrinken, doch sein Begleiter rettete ihn. Als der Freund, der beinahe ertrunken wäre, sich wieder erholt hatte, ritzte er die folgenden Worte in einen Stein: »Heute hat mein bester Freund mir das Leben gerettet.«*

*Verwundert fragte sein Begleiter ihn:*

*»Als ich dich geschlagen habe, hast du etwas in den Sand geschrieben, aber jetzt ritzt du die Worte in einen Stein. Warum tust du das?«*

*Lächelnd erwiderte sein Freund:*

*»Wenn ein guter Freund uns kränkt, sollten wir es in den Sand schreiben, damit der Wind des Vergessens und Verzeihens es verwehen und auslöschen kann. Aber wenn uns etwas Großartiges widerfährt, sollten wir es in den Stein der Erinnerung des Herzens meißeln, wo kein Wind dieser Welt es wieder auslöschen kann.«*

# 06 Toxischer Neid

*Wer jemandem den Vortritt lässt, schafft Raum.*

Der Neid ist eine Emotion, die unsere zwischenmenschlichen Beziehungen, unseren Umgang mit den Menschen in unserem Umfeld, vergiftet. Der Neider hat große Probleme damit, anderen ihren Erfolg zu gönnen, da er sich stets mit ihnen vergleicht und sich als Verlierer sieht.

Wir können unsere Gefühle nur schlecht überspielen, wenn wir jemanden mit einem tollen Kleidungsstück, einem schicken Auto sehen oder wenn wir eine glückliche Familie beobachten, uns selbst aber gerade inmitten einer Scheidung befinden. Unsere Miene verändert sich in der Regel schlagartig!

*Der Pfau schlug ein Rad und reckte sich stolz auf einer wunderschönen grünen Wiese, umgeben von glitzerndem Wasser und Sträuchern. Im strahlenden Licht der Sonne erschien er wie in einem funkelnden Kranz aus Edelsteinen mit Tautropfen aus Smaragden und goldenen Saphiren. Er war dicht von begeisterten Zuschauern umringt und genoss dies sichtlich. Doch einer von ihnen bemerkte mit lauter Stimme, dass der Goldfasan ebenfalls sehr schön sei. Das minderte zwar keineswegs die grandiose Erscheinung des Pfaus, trotzdem stimmte es ihn sehr traurig, denn er empfand es fast so, als wäre er als hässlich bezeichnet worden. Viele Pfauen – die nicht immer echt sind – denken, ihre Verdienste würden durch die Leistungen anderer gemindert.[2]*

---

2  Godofredo Daireaux: El pavo real y sus admiradores (Der Pfau und seine Bewunderer). http://es.wikisource.org/wiki/El_pavo_real_y_sus_admiradores.

## 1. Hüten Sie sich vor Neid

Wir alle haben Ziele und Träume und können uns entscheiden, ob wir Menschen bewundern, die diese Dinge bereits erreicht haben, oder ob wir ihnen ihren Erfolg neiden. Der Neid ist eine toxische Reaktion auf Bewunderung. Er führt dazu, dass wir unbedingt haben wollen, was ein anderer besitzt, und letztlich destruktive Gedanken ihm gegenüber hegen. Wir können jemanden um seinen schönen Körper beneiden, um sein Geld, seine tolle Arbeit, sein Haus, seine Familie, seine Gesundheit ... Gibt es ein wirksames Mittel gegen den toxischen Neid?

### Was empfinde ich, wenn ein anderer Erfolg hat?

– Ich erfahre, dass eine Freundin von mir geheiratet hat, und kann nicht anders, als zu denken: »Ich wünschte, ihr Mann würde sie verlassen, dann wäre sie wieder alleine, so wie ich!«
– Ich erfahre, dass ein Kollege befördert worden ist, und bin wütend: »Ich hoffe, er enttäuscht seine neue Abteilung, damit alle dort merken, was ihnen entgangen ist.«

*Bin ich neidisch?*
Neidisch zu sein bedeutet nicht nur, dass wir gerne hätten, was ein anderer hat. Es heißt auch zu leiden und wütend zu sein, weil der andere etwas erreicht hat, was wir noch nicht geschafft haben. Neid ist etwas so Destruktives, dass man daran sterben kann, aber niemand es erkennt, weil dieser negative Prozess im Inneren eines Menschen abläuft.

Sicherlich wurden Sie schon von anderen um etwas beneidet. Mit dem folgenden Test können Sie herausfinden, ob Sie schon einmal neidisch auf jemanden waren. Antworten Sie mit Ja oder Nein und zählen Sie die Antworten mit Ja danach zusammen:

| | Ja | Nein |
|---|---|---|
| 1. Geht es Ihnen schlecht, wenn ein Freund beruflich einen Erfolg verbuchen kann? | | X |
| 2. Fällt es Ihnen schwer, jemanden in der Arbeit oder aus Ihrem persönlichen Umfeld zu loben, der sich richtig und anerkennenswert verhalten hat? | | X |
| 3. Macht es Ihnen etwas aus, wenn eine wichtige Person jemanden lobt, den Sie kennen? | | X |
| 4. Macht es Ihnen etwas aus, wenn jemand in der Arbeit einem Kollegen mehr Zeit widmet als Ihnen? | X | |
| 5. Haben Sie das Gefühl, weniger beliebt zu sein als die meisten Ihrer Freunde? | | X |
| 6. Tun Sie sich in einer Gruppe gerne hervor oder machen Sie sich gegenüber anderen gerne interessant? | | X |
| 7. Kritisieren Sie berühmte Menschen oder Leute, die Sie nicht kennen? | | X |
| 8. Freuen Sie sich darüber, wenn jemand, der zuvor erfolgreich war, eine schlechte Phase durchmacht? | | X |
| 9. Geht es Ihnen schlecht, wenn man Sie genauso behandelt wie andere Menschen?. | | X |
| 10. Haben Sie schon einmal gedacht, dass Ihre Freunde gar nicht wissen, was sie an Ihnen haben? | | X |

Wenn Sie mehr als vier Mal mit Ja geantwortet haben, sind Sie von Neid befallen. In diesem Fall wäre es ratsam, sich das einzugestehen.

**Ein neidischer Mensch lebt voller Verbitterung, weil er nicht ertragen kann, dass es anderen gut geht.**

*Einst wollte ein König wissen, ob es schlimmer sei, ein Geizhals oder ein Neidhammel zu sein. Also suchte er den schlimmsten Neidhammel und den größten Geizhals im ganzen Königreich auf und sagte zu ihnen:*

*»Ich möchte euch etwas schenken. Sagt mir, was ihr euch*
*wünscht, dann werde ich dem anderen das Doppelte davon geben.«*
*Daraufhin fragte ihn der Geizkragen:*
*»Werdet Ihr mir tatsächlich alles schenken, worum ich Euch*
*bitte, Majestät?«*
*»Ja, das werde ich.«*
*»Wenn ich Euch um zwei Häuser bitte, werdet Ihr sie mir*
*schenken?«*
*»Ja, das werde ich, und dem anderen werde ich das Doppelte*
*schenken.«*
*Da sagte der Neidhammel zum Geizkragen:*
*»Suche du dir zuerst etwas aus!«*
*»Kommt nicht infrage«, erwiderte der Geizkragen. »Wofür hat*
*man denn Freunde?«*
*Schließlich sagte der Neidhammel an den König gewandt:*
*»Gut, ich äußere meinen Wunsch zuerst. Ich möchte, dass Ihr*
*mir ein Auge herausnehmt.«*

**Der Neider leidet lieber, wenn der andere dann**
**noch mehr leidet, als gut leben zu wollen, wenn**
**der andere dann ebenfalls gut leben würde.**

Neider sind verbittert, sie konkurrieren ständig mit anderen.
Und sie vergleichen sich mit allen. Wenn jemand zu ihnen
sagt: »Schau mal, ich habe fünf Kilo abgenommen«, erwidern
sie: »Und ich habe 40 Kilo zugenommen.« Wenn jemand ihnen erzählt: »Ich habe jetzt einen Freund«, antworten sie:
»Meiner hat mich gerade verlassen.« Angesichts von Neuig-
keiten wie: »Ich habe eine Arbeit gefunden«, könnte der Neider entgegnen: »Und ich habe meinen Job verloren.« Erzählt
jemand: »Ich habe geheiratet«, erklärt der Neider möglicherweise: »Und ich habe mich gerade getrennt.« Er wird ständig
von einem Konkurrenzdenken beherrscht, nach dem Motto:
»Meine Kollegin wurde befördert, aber ich nicht.«

Es ist wie in der Geschichte von einem kleinen Mädchen, das weinend von der Schule nach Hause kommt:

»Alle sagen, ich sei neidisch, Mama. Ich ertrage das nicht mehr.«

»Schon gut«, antwortet die Mutter. »Ich werde in die Schule gehen und mit all diesen Ignoranten reden. Sie werden dafür in die Hölle kommen.«

»Nein, tu das nicht, Mama, denn dann kommen sie dorthin, ich aber nicht.«

Der Neid entsteht aus der Überzeugung heraus, nie das zu bekommen, was der andere hat. Wenn man sich zum Beispiel sicher wäre, demnächst selbst 20 Kilo abzunehmen, wäre man dann neidisch auf jemanden, der tatsächlich so viel Gewicht verloren hat?

Wenn Sie wüssten, dass Sie ein Haus und eine Familie haben können, dass Sie gesund bleiben und sich auf Ihre Fähigkeiten verlassen können, wäre niemand mehr in der Lage, Neid bei Ihnen zu erwecken.

## 2. Der Neidhammel hat eine »scharfe Zunge«

Bei Neidern rumort es innerlich, da sie ihre Wut unterdrücken. Sie behalten sie für sich und greifen andere mit verschiedenen spitzen Bemerkungen an. Doch sie erreichen nichts, wenn sie versuchen, mit der Macht der Worte denjenigen zu zerstören, auf den sie neidisch sind.

**Wenn ich meine Worte mit meinen toxischen Emotionen verbinde, werden sie nicht konstruktiv sein.**

*Verschiedene Typen mit scharfer Zunge*

1. DER SARKASTISCHE SADIST

    Scheinbar gut gelaunt und mit einem sarkastischen Lächeln lässt er eine Bombe platzen. »Danke, aber du hättest mich fragen können, was meine Lieblingsblume ist, bevor du mir eine schenkst.« In Wirklichkeit ist er neidisch, weil er selbst nicht auf die Idee gekommen ist, dem anderen etwas zu schenken. Der sarkastische Sadist lässt seelenruhig eine Bombe hochgehen und lächelt dabei, weil er den anderen mit Worten demütigen und zerstören, ihm schaden will.

2. DER SCHARFSCHÜTZE

    Leute aus dieser Kategorie zielen uns genau zwischen die Augen. Sie sagen zum Beispiel: »Was ist denn mit dir los? Du siehst aber schlecht aus. Du hast ja ganz schön zugenommen!« Da sie mit ihrem eigenen Körper unzufrieden sind, konzentrieren sie sich auf das Aussehen anderer Leute. Diese Neider attackieren uns direkt, weil sie wollen, dass wir uns schlecht und schuldig fühlen, damit wir uns wenigstens nicht über die Dinge freuen können, die wir haben.

3. DER MIESMACHER UND MECKERFRITZE

    Diese Leute geben am laufenden Band negative Kommentare von sich. Erzählen wir ihnen, dass wir eine Arbeit gefunden haben, erwidern sie, dass wir sie aufgrund der weltweiten Krise bald wieder verlieren werden. Wenn wir ihnen sagen, dass wir einen Ehemann haben, erwidern sie, dass er bestimmt ein Frauenfeind ist. Berichten wir von unserem neuen Partner, prophezeien sie uns, dass er gewiss untreu sein wird. Informieren wir sie darüber, dass wir einen guten Arzt entdeckt haben, entgegnen sie, dass er uns bestimmt falsch behandeln wird. Diese Leute lassen ständig solche Bemerkungen los. Es sind Lästermäuler, denen nichts passt. Sie verhalten sich so, weil sie ihre Wut unterdrücken und daher nichts erreichen.

4. DER PENETRANTE, HINTERHÄLTIGE KILLER

Er zerstückelt uns langsam: »Ich möchte dir etwas sagen, das mich sehr geärgert hat.« Er zerstückelt uns, indem er ganz gemächlich mit uns spricht. Wir bitten ihn: »Komm schon, beeil dich, die Party fängt um acht Uhr an.« Aber er erwidert: »Ich bin dabei, mich umzuziehen.« Und er lässt sich dabei Zeit, damit wir uns verspäten.

5. DER ZUDRINGLICHE, DER SEINE NASE ÜBERALL REINSTECKT

Er schnüffelt überall herum und mischt sich überall ein. Wir sollten uns vor Menschen in Acht nehmen, die ständig dreinreden, um anderen zu helfen. Je mehr jemand über andere spricht, desto weniger möchte er über sich selbst reden. Je weniger jemand über sich selbst sprechen will, desto mehr verheimlicht er.
Der Naseweis verbirgt Dinge und will nichts von sich preisgeben. Stattdessen mischt er sich ständig in das Leben anderer ein; doch je mehr er das tut, desto weniger erreicht er.

*Wer etwas Schlechtes tut und befürchtet, dass andere es bemerken, besitzt trotz seines schlechten Charakters noch einen Samen der Gutherzigkeit; aber jemand, der etwas Gutes tut und erpicht darauf ist, dass andere davon erfahren, hat trotz seiner Gutherzigkeit immer noch eine Wurzel des Bösen in sich.*

Chinesisches Sprichwort

6. DER »JA, ABER«-SAGER

Wenn jemand »Ja, aber« sagt, dann meint er eigentlich »Nein!«. Zum Beispiel, wenn er verkündet: »Ich will mich ja nicht einmischen, aber ich würde Ihnen dringend etwas raten.« Natürlich will sich dieser Mensch einmischen. Warum sollte er es sonst überhaupt abstreiten?

Oder wenn er zum Beispiel sagt: »Ich habe nichts gegen Sie, das möchte ich klarstellen, aber …« Das heißt in Wirklichkeit: »Ich habe durchaus etwas gegen Sie.« Oder wir bekommen Dinge zu hören wie: »Ich sage das nicht, um deinen Kleidungsstil zu kritisieren.« Das heißt, er will uns natürlich beleidigen. Oder jemand macht folgende Bemerkung: »Ich hoffe, was ich dir sagen werde, kränkt dich nicht.« Das heißt, diese Person würde sich darüber freuen, wenn es uns kränken würde. »Ich hoffe, Sie ärgern sich nicht über das, was ich denke.« Dieser Mensch will, dass wir uns darüber ärgern. »Nach meiner bescheidenen Meinung« soll heißen: »Ich habe mehr Ahnung als alle anderen.« Wenn eine Person etwas negiert, bekräftigt sie es in Wirklichkeit. Es handelt sich um jemanden, der seine Wut unterdrückt hat.

### 7. DER ICH-ZENTRIERTE

»Mein Hund ist größer als deiner.« Das sagt der Egozentriker, der Narzisst. Alles muss sich um ihn drehen. Er ist ein Verführer: »Hallo, Liebling, hallo, du Schöne, wie geht's? Mein Schatz, meine Süße, mein Herzblatt.« Wer ist dieser Verführer? Abgesehen von all den Fällen, die völlig in Ordnung sind, in denen der Mann der Frau gefällt und die Frau dem Mann, versucht der Verführer einen anderen Menschen insgeheim zu betören, weil er ihn benutzen will. Er will von ihm bekommen, was er selbst braucht, nur um ihn dann wieder links liegen zu lassen. Vor solchen Menschen sollte man sich in Acht nehmen, denn es sind Lügner, die Dinge sagen wie: »Ich meine es ganz ehrlich, ich versichere es dir aus ganzem Herzen und schwöre es dir bei meinen Kindern.« Doch in Wirklichkeit belügen sie uns.

### 8. DER SCHALLDÄMPFER

Dieser Mensch ist weder für uns noch gegen uns. Er beobachtet uns und hofft, dass uns etwas Schlechtes widerfährt, um dann zu bemerken: »Siehst du, ich hab's dir ja gleich gesagt.« Er sagt nichts, wenn alles gut bei uns läuft, aber er wartet darauf, dass etwas Schlechtes passiert, dass uns etwas Negatives widerfährt. In diesen Fällen sind Krisen hilfreich, denn dann erkennen wir, wer an unserer Seite ist und wer nicht. In Krisen lernen wir zu unterscheiden, welche Menschen uns in schwierigen Momenten unterstützen und welche aggressiven Personen zwar bei uns, aber weder gegen uns noch für uns sind, sondern uns beobachten und uns im Nachhinein zurechtweisen.

### 3. Den Neid überwinden: einfache Strategien und Techniken

**Ich sollte mir selbst vertrauen. Ich bin in der Lage, mit jeder Situation fertigzuwerden.**

— ICH WERDE AN MICH SELBST GLAUBEN.
Sie sollten lernen, sich selbst zu vertrauen. Sie sind dazu fähig, jedes Problem zu lösen und Ihre Träume zu verwirklichen. Wenn jemand sich selbst vertraut, liebt und respektiert er sich. Das ist weder egoistisch noch narzisstisch noch pedantisch. Sich selbst zu respektieren, bedeutet zu wissen, dass man etwas wert ist.

— ICH MISCHE MICH NICHT IN DAS LEBEN ANDERER EIN.
Sie sollten lernen, sich selbst zu beobachten. Urteilen Sie über niemanden und mischen Sie sich nicht in anderer Leute Leben ein. Denn während Sie die Schuld bei Ihrem Mann, Ihrem Gläubiger, Ihren Kindern suchen, werden Sie keine Lösungen finden. Meckerer erreichen nichts, weil sie stets andere beobachten und über diese reden, anstatt sich selbst zu betrachten.

– ICH WERDE MEINE EINZIGARTIGKEIT ENTDECKEN UND
AUSSCHÖPFEN.
Niemand kann mit Ihrer Einzigartigkeit konkurrieren. Sie
müssen nicht anders sein als die anderen, Sie sollten lediglich einzigartig sein. Sie sollten sein, wer Sie sind. Nicht
besser oder schlechter als Ihre Eltern. Wenn jemand sich
von einem anderen Menschen unterscheiden möchte, vergleicht er sich mit ihm. Aber sagt jemand: »Ich will nicht
anders sein, ich will mich nicht unterscheiden, ich möchte
sein, wer ich bin«, dann ist er einzigartig.

– ICH WERDE NICHT SCHLECHT ÜBER ANDERE SPRECHEN.
Sie sollten nicht auf der Lauer liegen, um genau zu beobachten, was andere tun. Entdecken Sie Ihre Besonderheit, das, was Sie ausmacht, was charakteristisch für Sie ist,
was Sie einzigartig macht. Schöpfen Sie all das aus, fördern
Sie es, denn das wird andere Menschen anziehen.

– ICH WERDE MEIN HANDLUNGSSPEKTRUM ERWEITERN.
Sie sollten Ihre Ressourcen erweitern. Das Leben wird
Sie mit unterschiedlichen Situationen konfrontieren, damit Sie darauf in einer neuen Art und Weise reagieren
können.

– ICH WERDE MEINE EIGENE STRATEGIE ENTWICKELN.
Sie benötigen all Ihre Energie, um zu planen, auf welche
Art und Weise Sie Ihren Traum verwirklichen werden: den
Tag, die Stunde, jedes Detail. Sie sollten genau visualisieren, wie Sie Ihre Träume umsetzen werden.

**Was nützt es, einen Traum zu haben,
wenn man nicht weiß, wie man
ihn verwirklichen soll?**

Hier einige praktische Ratschläge, die Sie beachten sollten:

- Konkurrieren Sie mit niemandem, sondern nur mit sich selbst. Sie müssen andere nicht übertrumpfen. Sie sollten lediglich Ihre eigenen Erfolge übertreffen. Sie müssen nicht so viel Geld verdienen wie andere, sondern lediglich mehr, als Sie im Moment verdienen. Sie müssen nicht den Körper eines Topmodels haben, es genügt, wenn Sie bei Übergewicht etwas abnehmen.
- Vergleichen Sie sich nicht mit anderen und lassen Sie umgekehrt auch nicht zu, dass andere das machen. Übertreffen Sie sich selbst. Wenn Sie bereits drei (von …) geschafft haben, sollten Sie sich nun vier wünschen; wenn Sie sieben erreicht haben, versuchen Sie, neun zu erreichen; wenn Sie 20 geschafft haben, peilen Sie 25 an …
- Wenn jemand neidisch ist, investiert er Energie in etwas, das der andere hat, statt selbst nach solchen Möglichkeiten zu suchen.
- Der Neider konzentriert sich auf jemanden, sei es, weil er ihm etwas missgönnt oder weil er ihn kritisiert. Jemand, der andere hasst, ist neidisch auf sie. Daher kritisiert er sie und verwendet all seine Energie darauf, sie zu hassen, anstatt sein eigenes Leben zu gestalten. Beobachten Sie niemanden und lassen Sie sich nicht ablenken. Fördern Sie Ihr persönliches Wachstum so viel wie möglich.
- Es ist besser, andere zu bewundern, anstatt neidisch auf sie zu sein. Der Neid führt zu Wut, wenn wir jemanden jedoch bewundern, motiviert es uns.
- Lernen Sie von denen, die bereits erreicht haben, was Sie sich wünschen. Bewundern Sie andere ohne Angst, erkennen Sie deren Leistungen an und gratulieren Sie ihnen dazu. Denn wenn andere ein Ziel erreicht haben, können Sie es ebenfalls schaffen. Lassen Sie sich von weisen Menschen beraten.

# 07 Toxische Ängste

*Selbst der Mutigste hat Angst.*

Wir alle haben das Gefühl der Angst bereits erlebt. Das ist ganz normal. Es ist ein gutes, positives Zeichen von Schutz. Bezieht sich dieses Gefühl allerdings auf ein Objekt, das grundlos Angst in uns hervorruft, wird es irrational, dauerhaft und blockiert uns. In diesem Moment wird es toxisch, und es ist wichtig, es zu kontrollieren, da eine unbewältigte Angst das ganze Leben bestehen bleiben kann.

Dem Psychotherapeuten und Arzt Norberto Levy zufolge empfinden wir angesichts einer Bedrohung Angst. Allerdings nehmen wir etwas nur dann als Bedrohung wahr, wenn wir nicht über die nötigen Mittel verfügen, um das Problem zu lösen. So kann es für die meisten von uns schrecklich sein, mit einer Geschwindigkeit von 300 Stundenkilometern in einem Auto dahinzurasen, aber ein Formel-1-Fahrer hat damit gar kein Problem.

## 1. Die vier Phasen der Angst

*Auf welche Weise befällt uns die toxische Angst?*
*Warum hält sie uns so stark in ihrem Bann gefangen?*

Die Angst funktioniert wie ein Teufelskreis. Sie dreht sich ständig um sich selbst, da sie sich immer neue Nahrung gibt.

Wenn wir den Kreislauf der Angst erkennen, sind wir in der Lage, mit den nötigen Mitteln dagegen anzugehen und denen zu helfen, die darunter leiden.

Ein Vater, der zum Beispiel seinen Sohn an-schreit, weil dieser Angst vor einem Hund hat oder sich nicht traut, einen Klassenkame-raden zu Hause zu besuchen oder an irgend-einer Aktivität teilzunehmen, die ihm Unbe-hagen bereitet, wird seinen Sohn nur noch mehr verunsichern. Der Vater sollte sich be-wusst machen, wie der Teufelskreis der Angst funktioniert.

*Was man zu verstehen gelernt hat, fürchtet man nicht mehr.*

Marie Curie

**Als wir klein waren, sagten unsere Eltern zu uns: »Sei vorsichtig!« Keinem wurde gesagt: »Trau dich!«**

Sobald wir die Ursache unserer Angst erkennen und daran ar-beiten, sind wir bereit, sie zu überwinden. Die Angst verstärkt sich in vier Phasen selbst:

*Erste Phase: Intensive Vorstellung*
Angesichts einer bestimmten Situation wird das Angstge-schehen durch eine intensive, übertriebene Vorstellung ak-tiviert.

**Alles beginnt, wenn wir unserer Fantasie freien Lauf lassen.**

Wir beginnen, die Phasen der Angst zu durchlaufen, wenn wir uns das Schlimmste ausmalen. Manche bezeichnen die-sen Zustand als »Syndrom des Jüngsten Gerichts«. Er ent-steht, wenn wir angesichts einer Situation denken, dass uns etwas Schlimmes passieren wird: »Etwas Schreckliches wird geschehen!«

Bei einer Person, die noch nie vor Publikum gesprochen

hat, kann schon allein der Gedanke daran hundert Sätze und Stimmen in ihrem Geist hervorrufen, die diesen Moment in eine traumatische Situation verwandeln.

Bei dieser Vorstellung sagt der Betroffene viele Dinge zu sich selbst, wie etwa: »Man wird mich auslachen. Mir wird die Stimme versagen. Was ist, wenn ich meinen Text vergesse? Und was ist, wenn ich kein Wort herausbekomme oder wenn das Publikum sich langweilt?«

Solche Dinge machen uns Angst und blockieren uns. Und dann glauben manche Menschen angesichts eines Nieselregens, ein Tornado sei im Anmarsch.

**Wenn wir uns angesichts einer Situation auf übertriebene Weise das Schlimmste vorstellen, befinden wir uns im Teufelskreis der Angst.**

*Zweite Phase: Die eigentliche Angst*

Unsere intensive Vorstellung aktiviert die Angst, und an diesem Punkt wird die Angst bereits größer und stärker. Anfangs denken wir: »Wenn ich vor Publikum spreche, werde ich alles vergessen. Was für eine Schmach!«

Diese gerade erst aufgetauchten Gedanken haben uns Angst eingejagt, und diese Angst beginnt sich nun erneut zu verstärken.

Ab nun denken wir nicht nur: »Welche Schmach!«, sondern auch: »Man wird mich auslachen und verspotten. Ich werde mich lächerlich machen! Das gesamte Publikum wird mich verhöhnen, und niemand wird mir zuhören!«

Nun beginnt die Angst, negative Vorstellungen über die Realität zu erzeugen und sie zu verzerren.

Auch unser Körper spürt die Angst. Wir werden nervös und unbeholfen, unsere Stimme wird zittrig, wir bekommen feuchte Hände und unser Herz schlägt schneller. Und all diese Symptome, all diese körperlichen Reaktionen führen dazu, dass sich tatsächlich erfüllt, was wir von Anfang an befürchtet haben.

**Wir neigen dazu, kein Risiko einzugehen, weil wir Angst vor dem Unbekannten haben. Aber in Wirklichkeit ist die Angst vor dem Unbekannten die Angst, das Bekannte zu verlieren.**

*Dritte Phase: Die Angst lähmt uns oder treibt uns an*

— AUF WELCHE WEISE LÄHMT SIE UNS? Ein Mensch, der Angst hat, vor Publikum zu sprechen, beginnt das Schlimmste zu befürchten, wenn er sich mit dieser Situation konfrontiert. Ihn befällt eine große Angst, die immer stärker wird, bis sie schließlich seinen Körper blockiert. In dem Moment, in dem dieser Mensch seinen Vortrag halten muss, bleibt ihm daher wahrscheinlich die Stimme weg. Die Angst lähmt ihn.

— AUF WELCHE WEISE TREIBT DIE ANGST UNS AN? Angst führt dazu, dass wir uns hektisch in die entgegengesetzte Richtung bewegen, als sinnvoll wäre. Ich möchte Ihnen das anhand des Beispiels eines Löwen und seiner Beute veranschaulichen. Warum brüllt der Löwe? Er brüllt, um zwei Reaktionen bei seinem Opfer auszulösen: Entweder sein Brüllen lähmt die Beute, die der Löwe daraufhin fressen kann, oder sein Opfer flüchtet in die entgegengesetzte Richtung, wo es die Löwinnen bereits erwarten, um es zu erlegen.

**Die Angst lässt uns stets an einen falschen Ort flüchten.**

Das Beispiel erinnert uns daran, dass wir uns kopflos verhalten, wenn wir Angst haben. Falls Sie noch nicht überzeugt sind, hier noch ein paar weitere Beispiele:

Was tun Sie, wenn Sie nachts Angst haben? Sie ziehen sich die Decke über den Kopf, als ob die Decke gepanzert wäre.

Wie oft haben Sie schon unter Ihr Bett geschaut? Und wozu? Wenn jemand unter Ihrem Bett läge, was würden Sie tun? Sie wissen es nicht, aber trotzdem kontrollieren Sie es für alle Fälle.

Wie oft sind Sie schon zum Schrank gegangen, um nachzusehen, ob sich jemand darin versteckt hat? Es hatte nichts mit Ihrer Kleidung zu tun, Sie dachten vielmehr, dass sich jemand im Schrank befinden könnte.

All diese Dinge sind ziemlich lächerlich, nicht wahr? Dennoch kontrolliert die Angst uns in solchen Momenten ...

*Vierte Phase: Meine erste Erinnerung*
Eine intensive Vorstellung ruft Angst in uns hervor, die Angst lähmt uns oder treibt uns an, und das Gefühl bleibt in unserer Erinnerung gespeichert und wird zu dem, was wir als »meine erste Erinnerung« bezeichnen.

Angesichts einer ähnlichen Situation reagieren wir dann spontan gelähmt oder hektisch. Daher stammt auch das Sprichwort: »Ein gebranntes Kind scheut das Feuer.«

Wurde unsere Angst erzeugt, weil wir ein schlechtes Geschäft gemacht haben, wird unsere erste Erinnerung angesichts einer neuen Chance aktiviert. Dann denken wir zum Beispiel: »Das klingt zwar gut, aber beim letzten Mal wurde ich übervorteilt. Ich war überhaupt nicht zufrieden. Ich muss auf der Hut sein. Hm, ich weiß nicht. Dieses Mal lasse ich mich von niemandem mehr reinlegen.«

Haben wir schlechte Erfahrungen in einer Partnerschaft gemacht, wird diese negative Erinnerung zuerst auftauchen, wenn wir auf eine Person des anderen Geschlechts zugehen wollen.

Solche Ängste führen einzig und allein dazu, dass wir alles Neue aus dem Blick verlieren – die großartigsten Menschen, die besten Geschäfte und die besten Chancen.

Die Angst bringt uns durcheinander und macht uns begriffsstutzig. Daher sollten wir sie auf allen Ebenen bekämpfen.

**Die Angst davor, etwas zu verlieren, entsteht, weil wir an der Illusion festhalten, dass »wir besitzen, was wir haben«.**

Sie haben die Möglichkeit, aus dem schädlichen Kreislauf der Angst auszubrechen. Nutzen Sie Ihre Vorstellungskraft auf eine positive Weise und visualisieren Sie die Dinge, die Sie im Leben gerne erreichen möchten. Machen Sie Ihre Fantasie zu einer Verbündeten anstatt zu einer Feindin, die Sie in einen Sklaven der Angst verwandelt. Schüren Sie Ihre Ängste nicht mit lähmenden Vorstellungen, sondern fördern Sie heilsame, positive Gedanken voller Hoffnung und Freude. Lösen Sie sich von allen schlechten Erinnerungen aus der Vergangenheit und beschließen Sie, so in der Gegenwart zu leben, dass Sie gute Erinnerungen für die Zukunft entstehen lassen können.

Wie Sie sind und wie Sie sich verhalten, entspricht dem, was Sie denken. So, wie wir es uns die meiste Zeit vorstellen, so entwickeln wir uns auch. Dessen sollten Sie sich bewusst sein. Wir sind so, wie wir uns in unserer Vorstellung wahrnehmen! Beschließen Sie, sich als angstfreie Person zu sehen.

## 2. Ich habe Angst vor ...

Sicherlich hatten wir alle von klein auf Angst vor etwas oder jemand Bestimmtem. Im Laufe der Jahre sind einige Ängste verschwunden. Andere sind geblieben oder haben sich noch verschlimmert. Daher ist es nun an der Zeit, unsere Ängste zu erkennen, uns mit ihnen auseinanderzusetzen, sie zu überwinden und unsere Selbstachtung wiederherzustellen.

Wovor haben oder hatten Sie Angst?

- vor einem Familienangehörigen
- vor dem Verlust eines geliebten Menschen
- vor einem Überfall im eigenen Zuhause
- vor dem Fliegen
- vor dem Verlust Ihres Arbeitsplatzes
- dass Ihr Partner Sie verlässt
- nicht geliebt zu werden
- vor dem Tod
- zu leiden
- vor dem Alter
- zu scheitern

Die Liste kann unendlich lang sein, je nachdem, welche Ängste jeder Einzelne von uns hat.

Das Problem ist Folgendes: Wenn wir uns ständig mit etwas beschäftigen, das uns widerfahren könnte, bisher aber nie passiert ist, verlieren wir all unsere Träume aus dem Blick.

Wir haben so viel Angst vor Dieben, die bei uns einbrechen könnten, dass wir uns nicht außer Haus wagen, um ins Kino oder zu einem Fest zu gehen.

Wir haben so viel Angst vor dem Verlassenwerden, dass wir keine echte Beziehung eingehen können. Doch es ist wichtig zu lernen, glücklich zu sein, auch wenn wir nicht alles haben, was wir unserer Meinung nach eigentlich bräuchten.

**Wir kommen geizig zur Welt, da wir nichts mitbringen,
und wir scheiden großzügig aus der Welt,
weil wir nichts mitnehmen.**

## 3. Von der Angst zum Trauma

Wir alle hatten in irgendeinem Moment unseres Lebens schon einmal so viel Angst, dass wir dachten, wir würden sterben. Wir sind alle mit Angst aufgewachsen und sollten erkennen, dass bestimmte Ängste normal sind. Viele dieser Ängste haben wir vielleicht schon seit unserer Kindheit, und als Erwachsene halten wir immer noch daran fest. So haben manche von uns möglicherweise Angst davor, mittellos dazustehen oder verrückt zu werden, oder sie fürchten sich vor Krankheit und Tod.

*Die Angst, etwas zu verlieren, führt dazu, dass wir in Wirklichkeit unglücklicher sind als andere Menschen, die ohne diese Dinge leben können. Daher wäre es besser, sie nicht zu besitzen.*

Víctor Manuel Fernández

Aber es gibt andere toxische Ängste, auf die wir in der Regel mit einigen der folgenden Verhaltensweisen reagieren:

1. SICH DETAILGENAU ERINNERN.
   Es handelt sich um Ängste, über die wir so oder ähnlich sprechen: »Ich erinnere mich daran, dass mein Großvater mich geschlagen hat, weil ich alle Blumen meiner Großmutter, die im Hof wuchsen, gepflückt habe und … und er hat zu mir gesagt … und ich habe ihm geantwortet …«

2. DEN TRAUMATISCHEN MOMENT AUSRADIEREN ODER AUSBLENDEN.
   Das bedeutet, dass jemand versucht, seine Gefühle komplett auszulöschen. Manche Leute verdrängen alle Emotionen aus ihrer Erinnerung: »Also, drei Männer sind ausgestiegen. Sie haben mich mit einer Waffe bedroht und vergewaltigt. Danach habe ich Anzeige bei der Polizei erstattet.« Verwundert beobachten wir, wie jemand einen solchen Vorfall ohne Gefühlsregung erzählt. Wir selbst sind angesichts seiner Schilderung betroffen, er aber berichtet

das Ganze völlig unemotional. Dieser verletzte Mensch nutzt einen psychologischen Mechanismus, der als Dissoziation bezeichnet wird. Auf diese Weise bringt er eine Emotion zum Ausdruck und unterdrückt sie gleichzeitig. Wie der argentinische Therapeut Walter Riso gezeigt hat, ist der Geist egozentrisch und versucht um jeden Preis zu überleben, selbst wenn es bedeutet, auf höchst absurde Weise irrational zu sein.

3. WIEDERKEHRENDE BILDER ERLEBEN.
Der Betroffene sieht und erlebt die traumatische Erfahrung immer wieder. Dies wird auch als *Flashback* bezeichnet. Manche Menschen überfällt ganz plötzlich die Erinnerung an eine bestimmte Situation – etwa eine Vergewaltigung, eine Entführung, einen Raub oder an einen Moment, als sie verlassen oder gedemütigt wurden.
Mit einem Mal werden sie von einem Bild oder einer Szene überwältigt und erfahren den traumatischen Schmerz aufs Neue. Solche Menschen leben mit extremen Ängsten. Sie befürchten, dass sich das Geschehen wiederholen könnte. Daher können alle möglichen Dinge mit der traumatischen Erfahrung verknüpft sein. Eine bestimmte Verletzung, ein Mensch, ein Ort, eine Uhrzeit oder ein Datum können aufgrund einer Assoziation die Erinnerung an das traumatische Erlebnis aus der Vergangenheit hervorrufen.

4. ERHÖHTE WACHSAMKEIT.
Nach einem Raubüberfall ist es wahrscheinlich, dass der Betroffene alle Menschen argwöhnisch beobachtet. Er entwickelt eine sogenannte Hypervigilanz. Während er sich mit jemandem unterhält, blickt er zum Beispiel ständig um sich, da er sich aufgrund des Erlebten in einem Zustand der Paranoia befindet und sich ständig verfolgt fühlt.

5. DÜSTERE ZUKUNFTSPROGNOSEN.

Manche Menschen sehen alles aus einer Position der Verletzlichkeit heraus: »Mir ist schon etwas Schreckliches widerfahren. Was steht mir wohl noch alles bevor?« Hat sich ein solcher Gedanke erst einmal festgesetzt, ist der Betroffene der Meinung, keine Gegenwehr mehr leisten zu können. Er leidet unter dem Gefühl der Hilflosigkeit, unter einem geringen Selbstwertgefühl und großer Einsamkeit. In diesem Zustand beherrschen Erinnerungen seinen Geist. Die Zukunft sieht er pessimistisch, da sich Negatives wiederholen könnte.

All diese Situationen erzeugen eine große Dosis an toxischen Emotionen – zum Beispiel Ängste, Schuldgefühle, Unsicherheit –, die wir häufig lieber verbergen, anstatt uns mit ihnen zu konfrontieren und sie zu verarbeiten. Dem Lama Ole Nydahl zufolge ist ein Geist ohne Selbsttäuschung klarer und bewusster und lässt uns die Dinge so sehen, wie sie sind.

## 4. Phobien

Wie wir bereits gesehen haben, ist Angst eine normale Erfahrung, die aufgrund einer realen Gefahr entstehen kann. Handelt es sich allerdings um eine Furcht vor etwas, das nicht existiert oder eingebildet ist, kehrt sich die Angst in etwas Negatives um. Wird sie so stark, dass sie unser Verhalten verändert, verwandelt sie sich letztlich zu einer Phobie. Angst unterscheidet sich von einer Phobie aufgrund der Intensität, mit der ein Mensch diese Emotionen erlebt. Die Phobie ist eine dauerhafte übertriebene und unangemessene Angst. Diejenigen, die darunter leiden, vermeiden bestimmte Situationen oder flüchten davor.

*Haben Sie eine Phobie vor etwas oder jemandem?*

Man kann sich vor allem fürchten, vor Menschen, Flugzeugen, vor der Dunkelheit, vor Tieren oder davor, bestimmte Situationen durchmachen zu müssen. Hier eine Liste einiger Phobien.

- Ablutophobie = Angst, sich zu waschen oder zu baden
- Aeronausiphobie = Angst, sich zu erbrechen
- Alliumphobie = Angst vor Knoblauch
- Auroraphobie = Angst vor Nordlichtern
- Caligynephobie = Angst vor schönen Frauen
- Chaetophobie = Angst vor Haaren
- Dendrophobie = Angst vor Bäumen
- Eisoptrophobie = Angst vor Spiegeln
- Enissophobie = Angst, eine unverzeihliche Sünde begangen zu haben, oder Angst vor Kritik
- Ergophobie = Angst vor Arbeit
- Homilophobie = Angst vor Predigten
- Iatrophobie = Angst vor Ärzten
- Insectophobie = Angst vor Insekten
- Meteorophobie = Angst vor Meteoren
- Metrophobie = Angst vor Poesie
- Monophobie = Angst vor dem Alleinsein
- Murophobie = Angst vor Mäusen
- Myrmecophobie = Angst vor Ameisen
- Nomatophobie = Angst vor Namen
- Peladophobie = Angst vor Kahlköpfigen
- Siderophobie = Angst vor Sternen

*Können wir demnach alle Phobiker sein?*

In den meisten Fällen ist eine Phobie eine Reaktion, ein Schrei nach Aufmerksamkeit angesichts verletzter, unverarbeiteter Emotionen, die sich viel später bemerkbar machen.

Lassen Sie uns einige der vorherrschenden Merkmale eines Menschen analysieren, der unter einer Phobie leidet:

- Er ist sehr selbstkritisch.
- Er hat ein erhöhtes Stressniveau.
- Er ist übertrieben pflichtbewusst.
- Er ist sehr angespannt.
- Er ist hyperaktiv.
- Er hatte überbehütende Eltern.
- Und ihm wurde die Botschaft vermittelt, dass die Welt gefährlich ist.

*Wer Angst hat zu leiden, leidet an Angst.*

Chinesisches Sprichwort

**Phobien erzeugen einen intensiven Wunsch, die gefürchteten Dinge zu vermeiden.** Ein Phobiker versucht mit allen Mitteln, seine Gefühle zu verbergen und sein Verhalten zu rechtfertigen. Er verändert sein gesamtes physisches und soziales Umfeld, um so gut wie möglich mit der Welt zurechtzukommen.

Hat jemand zum Beispiel eine Phobie vor unbekannten Orten, versucht er, alle Veranstaltungen, Treffen und sozialen Aktivitäten bei sich zu Hause stattfinden zu lassen, damit er sich nicht der feindlichen Außenwelt aussetzen muss.

Phobiker wissen, dass ihre Angst übertrieben ist, aber sie können nichts gegen ihre Gefühle tun, da es zu großem psychischem Leid führt, wenn sie sich mit ihrer Angst konfrontieren. Das kann die folgenden physischen Symptome zur Folge haben:

- Mundtrockenheit
- Herzrasen
- Beschleunigter Puls
- Schwindel
- Schwitzen
- Müdigkeit
- Unkontrolliertes Zittern

Häufig führen leidvolle und traumatische Situationen dazu, dass wir kampflos aufgeben und uns zurückziehen. Doch wir sollten beschließen, uns dagegen aufzulehnen und das Leid, das eine solche Situation verursacht, zu überwinden.

**Wir möchten nicht gerne Risiken eingehen, da wir Menschen kennen, die etwas riskiert haben und darunter leiden mussten.**

Wir stehen vor der Herausforderung, uns unseren Ängsten zu stellen und zu entscheiden, ob sie uns in die Knie zwingen oder ob sie uns stärker machen, weil wir ihnen die Stirn bieten. Es hängt von unserer Entscheidung ab, ob wir trotz allem, was wir durchgemacht haben, weiterkommen und gesund werden. Diese Entscheidung hat eine große Macht. Beschließen Sie, nicht zuzulassen, dass irgendeine Phobie Sie daran hindert, Ihr gesamtes Potenzial auszuschöpfen – egal wie tief sie auch in Ihrem Inneren verwurzelt sein mag. Gehen Sie der Ursache der Phobie auf den Grund, selbst wenn es leidvoll ist. Ergründen Sie Ihre tiefsten Emotionen. Lernen Sie sie kennen. Falls Sie das nicht alleine schaffen, suchen Sie sich Hilfe. Aber geben Sie sich nicht geschlagen und finden Sie sich nicht damit ab, weiterhin von übertriebenen Ängsten dominiert zu werden. Es ist möglich, frei zu sein. Und die Freiheit beginnt stets mit einer Entscheidung.

### 5. Aus dem Teufelskreis der irrationalen Angst ausbrechen: einfache Strategien und Techniken

Niemand hat gerne Angst, aber damit Ihre Angst nicht größer wird als Sie, sollten Sie:

– ... LERNEN, IHRE TOXISCHEN ÄNGSTE AUSZUSCHALTEN UND SIE DURCH ECHTE EMOTIONEN ERSETZEN.

Das Gesetz der Konzentration besagt: »Je mehr wir an etwas denken, desto eher wird es zu einem Teil unserer Realität.« Anstatt daher zu sagen: »Ich muss aufhören, an diese Vorstellung zu denken«, sollten Sie sie gleich durch etwas Positives ersetzen. Anstatt sich nur vorzunehmen, Ihre Ängste nicht zu verbergen, könnten Sie zu sich sagen: »Ich werde meine Ängste auf eine angemessene Weise zum Ausdruck bringen.«

> **Das Verhalten anderer können wir nicht verändern, sehr wohl aber unser eigenes, und unseren Geist können wir steuern.**

– ... AUF SICH SELBST VERTRAUEN.

*Die folgende Fabel erzählt von einer Maus, die ständig Angst hatte, weil sie sich vor der Katze fürchtete. Ein Zauberer hatte Mitleid mit ihr und verwandelte sie in eine Katze. Doch nun begann sie sich vor dem Hund zu fürchten. Nachdem sie der Zauberer in einen Hund verwandelt hatte, begann sie sich vor dem Panther zu fürchten. Daraufhin verwandelte der Magier sie in einen Panther. Nun begann sie sich vor dem Jäger zu fürchten. An diesem Punkt gab der Magier sich geschlagen und verwandelte sie wieder in eine Maus zurück. Und er sagte zu ihr: »Nichts von dem, was ich für dich tue, hilft dir, denn du wirst immer das Herz einer Maus haben.«*

Der Psychologe Albert Bandura von der Stanford-Universität entwickelte das Konzept der Selbstwirksamkeit. Ihm zufolge entsteht diese, wenn man seine eigenen Fähigkeiten und Lebensumstände einschätzt. Sind wir uns unserer Stärken und der Situation bewusst, innerhalb derer wir agieren, wächst unser Selbstvertrauen, und das wirkt sich proportional auf unser

Verhalten und unseren Umgang mit Ängsten und Unsicherheit aus.

**Wenn wir diese Haltung verinnerlichen und bewusst fördern, können wir uns all unseren Ängsten stellen, egal, ob sie real oder eingebildet sind.**

— ... ERKENNEN, DASS SIE ANGST HABEN. SIE SOLLTEN KEINE ANGST VOR DER ANGST HABEN.

Haben wir Angst, bedeutet es, dass wir vorankommen, denn die Angst ist die Gefährtin der Eroberer. Sie zeigt, dass wir etwas Neues tun, unsere Komfortzone verlassen und eine neue Herausforderung im Leben annehmen. Jede Herausforderung erlaubt uns, einen größeren Schritt zu machen als je zuvor. Sie bringt uns an Orte, die wir noch nie betreten haben, und lässt uns Dinge sagen und tun, die wir noch nie gesagt und getan haben. Vorwärtszukommen bedeutet nicht, angstfrei zu sein, sondern trotz unserer Ängste auf Neues zuzugehen und zu wissen, dass wir mit oder ohne Angst weitermachen werden.

Der erste Schritt, um die Angst zu besiegen, besteht darin, sie zur Kenntnis zu nehmen, sie mit Worten zum Ausdruck zu bringen und über all die Dinge zu sprechen, die uns Angst machen. Nur wenn wir uns unsere Ängste eingestehen, können wir sie überwinden.

— ... LERNEN, DER ANGST INS AUGE ZU SEHEN.

Es gibt einen Eingeborenenstamm, der den Kindern von klein auf beibringt, sich mit ihrer Angst zu konfrontieren. Die Kinder werden aufgefordert, sich hinzusetzen und mit geschlossenen Augen an eine 20 Meter lange Schlange mit zwei Köpfen zu denken, die sich vor ihnen aufrichtet. Man schildert ihnen die Situation so plastisch, als würden sie sie tatsächlich erleben. Sie sollen sich vorstellen, dass die Köpfe der Schlange jedes Mal wachsen, wenn sie zurückweichen. Die Schlange wird größer. Jedes Mal, wenn sie weglaufen wollen, verfolgt die Schlange sie und wird immer größer und größer. Aber wenn sie ihr fest in die Augen sehen, wird die Schlange immer kleiner, je länger sie sie ansehen; sie schrumpft, während sie ihr weiterhin in die Augen blicken. Es ist ein Spiel, aber den Kindern wird auf diese Weise Folgendes vermittelt: Wenn wir uns unserer Angst stellen und ihr ins Gesicht sehen, schrumpft sie so lange, bis sie sich in eine Ameise verwandelt und wir sie töten können. Wir sollten unseren Ängsten die Stirn bieten, anstatt sie zu vertuschen. Flüchten wir davor, werden sie uns das ganze Leben lang begleiten. Wir sollten uns damit konfrontieren, denn so werden wir erkennen, dass dieses Monster gar nicht so groß und mächtig ist, wie wir dachten.

*Erkenne dich selbst, nimm dich an, wachse über dich selbst hinaus.*

Thomas von Aquin

— ... ÜBERLEGEN, WIE SIE SICH VERHALTEN KÖNNEN.
Konzentrieren Sie sich darauf, verschiedene Szenarien durchzuspielen. Erstellen Sie zunächst eine Liste Ihrer Ängste und ordnen Sie diesen jeweils eine mögliche Reaktion zu. Zum Beispiel: »Was könnte schlimmstenfalls passieren, wenn ich mich auf dieses Geschäft einlasse?« Schreiben Sie dann die Antworten auf. Zum Beispiel: »Das Schlimmste wäre, wenn ich am Ende ohne Geld dastehen würde.« Oder: »Am schlimmsten wäre es, wenn sie mich rauswerfen würden.« Etc.
Es geht darum, eine Art Inventar aufzustellen – von all dem, was schlimmstenfalls passieren könnte – und gleichzeitig zu überlegen, wie Sie das Problem angehen würden. »Wenn ich kein Geld mehr hätte, was könnte ich tun, um wieder et-

was zu verdienen?« Überlegen Sie sich, wie Sie mögliche aufkommende Ängste überwinden würden, bevor Sie sich einer neuen Herausforderung stellen. So machen Sie sich *vorausschauende Gedanken* darüber, wie Sie sich verhalten können. Das heißt, wenn das eintrifft, womit Sie bereits rechnen, können Sie etwas tun. Sollte etwas anderes passieren, womit Sie ebenfalls rechnen, können Sie einen anderen Aktionsplan einsetzen. Anstatt also aufgrund der Angst den Kopf zu verlieren, beginnen Sie *lösungsorientiert zu denken*.

> *Wenn Sie sich eingeschüchtert fühlen, hören Sie auf Ihre Angst, fragen Sie sich, was Sie brauchen, um sie zu besiegen, und sorgen Sie dafür, das auch zu bekommen. Auf diese Weise werden Sie stets Mittel gegen die Bedrohungen parat haben und ihre Ängste zum Schweigen bringen.*
>
> Margarita Rojas

— ... IHR SELBSTWERTGEFÜHL FÖRDERN UND AN SICH SELBST GLAUBEN.
Jeder großen Angst liegt eine große Befürchtung zugrunde: die Furcht, alleingelassen zu werden. Erinnern Sie sich daran, in welchen Situationen Sie diese Angst als Kind zum ersten Mal empfunden haben, und verzeihen Sie den Menschen, die Ihnen dieses Gefühl vermittelt haben.

Die Liebe ist das wertvollste Gut. Wir alle sehnen uns danach, und wir selbst sind die Ersten, die sie uns schenken können. Verabschieden Sie sich von Ihrer traurigen Erinnerung, aus Liebe zu sich selbst. Ebenso wie Sie Ängste haben, können Sie sich auch von ihnen lösen. Sie sollten sich Zeit geben und nachsichtig mit sich sein – ohne Druck und ohne so zu tun, als wären Sie innerhalb eines Tages plötzlich mutig.

— UND SCHLIESSLICH SOLLTEN SIE SICH DAZU ENTSCHEIDEN, IHR LEBEN MIT ANDEREN ZU TEILEN.
Der Egoismus fördert Ängste und Phobien. Manche Menschen ziehen sich in ihre Angst zurück. Sie denken nur

noch an sich selbst und ihre Ängste, und auf diese Weise nehmen ihre Symptome zu, wenn sie nicht lernen, sich anderen mitzuteilen.

**Wir sollten uns Zeit geben, ohne uns unter Druck zu setzen. Wir haben drei Möglichkeiten: Wir können davonlaufen und versuchen, die Situation zu vermeiden, die uns Angst macht. Wir können so tun, als hätten wir in Wirklichkeit ein anderes Problem. Oder wir stellen uns der Angst und überwinden sie.**

Das andere Gesicht der Angst ist die Motivation. Aber erwarten Sie nun keine Motivation von außen, sondern motivieren Sie sich innerlich. Und wenn Sie eine schwierige Situation durchmachen, fassen Sie Mut! Setzen Sie sich neue Ziele. Ein Mann und eine Frau, die Träume und Projekte haben, verlieren ihre Zeit nicht damit, an Ängste zu denken.

Die Angst vermittelt uns eine innere Botschaft: »Du verlässt deinen Sicherheitsbereich.« Bisher haben Sie sich so verhalten, dass Sie in Sicherheit geblieben sind. Sie haben nichts riskiert, aber Sie haben auch nichts erreicht, denn um im Leben etwas zu erreichen, muss man etwas wagen. Das Leben ist wunderschön und spannend, aber wir müssen uns trauen, Risiken einzugehen, auch wenn es uns Angst macht.

Wenn Sie Ängste haben, so liegt die nötige Kraft, um sie zu beherrschen und sie zu überwinden, in Ihnen selbst. Sie selbst haben die Kontrolle über Ihr Leben.

**Laufen Sie auf das Gebrüll, auf die Angst zu, bieten Sie ihr die Stirn, dann haben Sie den Kampf gewonnen.**

# 08 Toxische Scham

*Der Mensch sollte sich nie schämen zuzugeben,
dass er Unrecht hatte. Damit drückt er – in anderen Worten –
nur aus, dass er heute klüger ist als gestern.*

Alexander Pope

Wenn wir ein Ranking der toxischen Emotionen erstellen würden, käme das Gefühl der Scham auf einen der ersten Plätze. Es ist unglaublich, welchen Schaden es anrichtet, was wir seinetwegen verlieren und in welcher Weise es uns einschränkt und quält.

Es gibt unzählige Menschen, die ein großes Potenzial haben, es aber nicht voll entfalten können, weil es ihnen »peinlich« wäre, oder weil sie befürchten, sich lächerlich zu machen. Natürlich werden wir das Ranking nicht erstellen, da jeder von uns von verschiedenen Emotionen vergiftet wird.

Wir alle haben bereits traurige Momente erlebt, in denen wir dem Spott anderer ausgesetzt waren. Und verschiedentlich war uns etwas peinlich oder wir haben uns anderen gegenüber geschämt. Sicherlich erinnern Sie sich an einen solchen Moment. Aber keine Angst, jeder macht solche Situationen durch.

Wenn wir verspottet werden, empfinden wir toxische Scham. Wir fühlen uns unzulänglich und glauben, irgendetwas sei verkehrt mit uns. Das führt zu dieser toxischen Emotion.

Wenn wir etwas Falsches getan haben, fühlen wir uns schuldig. Aber jemand, der sich schämt, hat das Gefühl, schlecht oder nicht vollwertig zu sein, und befürchtet, dass die anderen sich von ihm abwenden werden.

Was würde passieren, wenn Ihr Vortrag nicht gut laufen sollte oder wenn Sie bei Ihrer Prüfung durchfallen würden? Was wäre das Schlimmste, was geschehen könnte? Dass Ihnen etwas misslingt? Wäre das wirklich so schlimm? Und warum wäre es so schrecklich? Weil andere Menschen sagen würden, dass Sie nicht perfekt sind? Weil sie merken würden, dass Sie ein Mensch sind? Wagen Sie etwas!

Es gibt Situationen, Ereignisse oder Momente, die uns extrem verletzen und manchmal sogar zu einem großen Unbehagen bei uns führen. So sagen wir manchmal unsere Meinung nicht mehr und geben uns anderen gegenüber nicht mehr so, wie wir eigentlich sind. Dabei wurden viele großartige Ideen anfangs verspottet.

**Was würde passieren, wenn Ihre Idee anderen nicht gut gefiele oder diese sie sogar lächerlich fänden? Würden Sie sie trotzdem weiterverfolgen? Würde es Ihnen genauso ergehen wie den großen Erfindern der Geschichte wie Henry Ford oder Thomas Edison? Wagen Sie etwas!**

## 1. Holt mich bitte hier raus!

Wie oft haben Sie schon geschwiegen, weil Sie nichts sagen konnten? Weil Sie heftig geschluckt haben, kein einziges Wort herausbrachten und dachten: »Ich möchte am liebsten im Boden versinken.«

Genau dazu führt das Gefühl der Scham. Es schickt uns in eine Art Verbannung. Es fungiert wie eine falsche Begrenzungsmauer angesichts verschiedener Möglichkeiten. Aufgrund von Scham können wir die besten Chancen aus den Augen verlieren.

Diese Emotion blockiert uns aber nicht nur, sie lähmt uns und hindert uns daran, all das zu sein, was wir uns einmal vorgenommen hatten. Ist Ihnen bewusst, wie viele Dinge Sie von dem Gefühl der Scham kontrollieren lassen? Ab sofort sollten Sie sich selbst und dieser Emotion gegenüber immer wieder sagen: »Genug geschämt!«

*Unbedeutend zu sein garantiert uns Sicherheit.*

Äsop

Viele Menschen sind der Meinung, sich unauffällig zu verhalten sei ein Garant für Sicherheit; sie ziehen es vor, ignoriert zu werden, damit sie sich dem Urteil anderer, der Frage: »Was werden die anderen dazu sagen?«, nicht stellen müssen.

Nachdem Sie dieses Kapitel gelesen haben, werden Sie hoffentlich sagen können: »Nie mehr toxische Scham!« Um dieses Gefühl zu überwinden, werden wir zunächst den Modus Operandi untersuchen. Das heißt, wir werden uns ansehen, woher die Emotion stammt, wie sie sich äußert und welche Wirkung sie hat.

### Was ist toxische Scham?

Scham ist der schmerzliche und falsche Glaube an unsere Defizite. Sie ist stets toxisch beziehungsweise negativ, da sie uns lähmt und isoliert.

Das Gefühl der Scham hat nichts mit unseren Fähigkeiten und Begabungen, unserem Potenzial oder Intelligenzquotienten zu tun. Scham basiert vielmehr auf einem subjektiven Gefühl der Unzulänglichkeit und Unfähigkeit. Wir kommen uns wie ein Versager, wie ein Irrtum der Natur vor und befürchten, dass die Menschen in unserem Umfeld uns aufgrund unserer Unfähigkeit ausgrenzen könnten.

Niemand schämt sich gerne. Es ist uns lieber, wenn es niemand mitbekommt, es ist uns peinlich.

*Der Esel war liebenswürdig und fröhlich zur Welt gekommen. Er war zwar hässlich, aber freundlich und gutwillig, und er lachte so gerne, dass sein Eselsschrei trotz seiner schrecklichen Stimme einem Gesang ähnelte. Die anderen machten sich über ihn und seine Visage lustig. Aber er schüttelte den Kopf mit seinen langen Ohren und lachte gutmütig.*

*Da er so gutmütig war, begannen die anderen ihn auszunutzen. Er war stark, obwohl er ziemlich klein war, doch sie luden ihm zu schwere Lasten auf. Er war genügsam, aber sie gaben ihm fast nichts zu fressen. Er war zäh, doch sie ließen ihn mehr arbeiten, als er zu leisten imstande war. Und als er nicht mehr konnte, begannen sie ihn zu misshandeln.*

*Da schlug seine Stimmung um. Seine Ohren bewegten sich nicht mehr fröhlich. Stattdessen legte er sie wütend nach hinten an, bleckte die Zähne und schlug mit den Hufen aus.*

*Daraufhin sagte sein Besitzer argwöhnisch, wobei er drohend den Stock in der Hand hielt: »Wie böse der Esel doch ist!«[3]*

Manche haben einen guten Teil ihres Lebens mit Menschen verbracht, die das Gefühl der Scham als Disziplinarmaßnahme eingesetzt haben. Mit einem Vater oder Großvater, der sie in der Öffentlichkeit ermahnt oder zurechtgewiesen hat, weil er glaubte, sie würden ihre Lektion auf diese Weise schneller lernen.

Oder mit einem Chef, der ihre Arbeit gerne vor den anderen Kollegen kritisierte, um seine Macht und Überlegenheit zu demonstrieren.

Andere hatten einen Partner, der ihnen stets ihre Fehler und Defizite vorhielt. Und je mehr sie nachgaben, desto mehr glaubte er, das Recht zu haben, seine Überlegenheit zur Schau zu stellen.

---

3  Godofredo Daireaux: El burro (Der Esel). www.bibliotecasvirtuales.com/ biblioteca/literaturaargentina/Daireaux/Fabulasargentinas/elburro.asp.

Solche Worte, Beleidigungen und Erniedrigungen sowie Geringschätzung und negative Kritik haben einzig und allein zum Ziel, uns zu diskreditieren und unser Selbstwertgefühl zu beschädigen.

Wenn Sie über kein starkes Selbstwertgefühl verfügen und noch nicht wissen, dass Sie in Ihrem Inneren das Potenzial und die Kraft haben, jedweden Fehler, jeden Misserfolg zu überwinden, könnten Sie dem Gefühl der Scham zum Opfer fallen. Und möglicherweise werden Sie – aus Angst, verspottet zu werden – alles aufgeben, was Sie bereits in Angriff genommen und wovon Sie einst geträumt haben.

**Das Syndrom der chronischen Liebenswürdigkeit entsteht aus dem Drang, etwas um der Anerkennung willen zu tun. Dieses Syndrom tritt bei unsicheren Personen auf, die alles tun, um Anerkennung von Menschen aus ihrem Umfeld zu bekommen.**

In der heutigen Zeit nimmt das Konkurrenzdenken mit Lichtgeschwindigkeit zu. Wir müssen daher dringender denn je zuvor begreifen, dass jemand, der andere dazu bringt, sich zu schämen, dies aus Unsicherheit tut. Er macht sich über Fehler anderer lustig, als wolle er sagen: »Das ist dir passiert, und nicht mir. Ich bin besser als du.«

Je größer das Konkurrenzdenken ist, desto eher versucht ein unsicherer Mensch potenzielle Rivalen mit allen Mitteln herabzuwürdigen. Er macht sich über die Art und Weise lustig, wie sie reden, sich kleiden oder denken. Ständig versucht er ihre Selbstachtung zu verletzen und sie von der Meinung anderer ganz besessen zu machen. Sein einziges Ziel ist, ihr Selbstwertgefühl zu vernichten. Er will seinen Rivalen das Gefühl vermitteln, dass sie zu nichts taugen und von der Meinung anderer abhängig sind. Aber an diesem Punkt ist seine Strategie auf den Kopf gestellt, denn er erkennt Folgendes:

Wenn jemand die Zielscheibe seiner Attacken ist, dann bedeutet es, dass dieser Mensch ein Konkurrent ist. Und wenn er ein Konkurrent ist, liegt es daran, dass er dazu fähig ist, erfolgreich zu sein. Wäre dieser Mensch tatsächlich zu nichts nutze oder nicht kompetent, hätte er ihn gar nicht im Visier.

Nur mit einem gesunden Selbstwertgefühl können Sie Fehler wegstecken und sich gegen Schamgefühle zur Wehr setzen. Wenn Sie sich getäuscht haben, macht das nichts! Irren ist menschlich. Wie gut, dass Sie ein Mensch sind, der jeden Fehler korrigieren kann!

Wenn Sie Rückschlägen keine große Bedeutung beimessen und das Gefühl der Scham überwinden können, sind Sie bereit, jede Prüfung zu bestehen, die auf Sie zukommen wird.

## 2. Es ist mir so peinlich ...

Haben Sie sich schon einmal gefragt, für welche Dinge Sie sich schämen oder in welchen Situationen Ihnen etwas peinlich ist?

Möglicherweise fällt es Ihnen schwer oder es ist schmerzlich für Sie, sich an solche Situationen zu erinnern. Wenn wir peinliche Momente in der Erinnerung noch einmal durchleben, kommt das Gefühl offenbar erneut in uns hoch, und wir schämen uns wie damals.

Wenn wir dem Gefühl der Scham entgegenwirken und uns heilen wollen, müssen wir diese Emotion zunächst erkennen. Antworten Sie daher ehrlich auf die folgenden Fragen:

|  | Ja | Nein |
|---|---|---|
| 1. Machen Sie sich ständig Gedanken darüber, wie Sie auf andere wirken? | X | |
| 2. Ist es tatsächlich wichtig, was andere über Sie denken? | | X |
| 3. Fällt es Ihnen schwer, Kritik wegzustecken und etwas darauf zu erwidern? | | X |
| 4. Rufen Sie sich ständig Ihre Fehler und Schwächen ins Bewusstsein? | | X |
| 5. Fällt es Ihnen schwer zu glauben, dass jemand gut über Sie sprechen könnte? | | X |
| 6. Sorgen Sie sich im Vorhinein darüber, was Sie falsch machen könnten? | X | |
| 7. Trauen Sie sich selbst weniger zu als Ihren Bekannten oder anderen Menschen in Ihrem Umfeld? | | X |
| 8. Lassen Sie sich schnell durch andere in Verlegenheit bringen? | X | |
| 9. Ist es Ihnen bereits peinlich, in der Gesellschaft von jemandem zu sein, der sich dumm oder lächerlich verhält? | X | |

Falls Sie häufig mit Ja geantwortet haben, müssen Sie sich keine Sorgen machen! Denken Sie daran, dass das Gefühl der Scham aufgrund einer falschen Überzeugung entsteht. Sie können es überwinden, wenn Sie sich dieser Emotion stellen.

Ihr Selbstwertgefühl und Ihre Persönlichkeit dürfen nicht auf der Meinung anderer Leute basieren – das ist wichtig zu verstehen. Ihr Selbstwertgefühl darf nicht davon abhängen, was andere über Sie sagen oder ob andere Menschen Sie akzeptieren. Wichtig ist einzig und allein, was Sie selbst erreichen möchten.

Dabei ist nicht entscheidend, wie oft Sie bereits gescheitert sind, sondern wie oft Sie wieder auf die Beine kommen. Halten Sie sich nicht damit auf zu beobachten, wie andere Leute etwas machen, sondern lassen Sie Ihren eigenen Traum entstehen.

Geben Sie nichts auf die Meinung von Dummköpfen, die Ihre Träume, Ziele und Motivation zerstören wollen. Es gibt keine »konstruktive« Kritik – es ist und bleibt Kritik. Versehen oder Fehler kritisiert man nicht, man korrigiert sie. Dwight Lyman Moody, ein US-amerikanischer Prediger, der vor dem Internetzeitalter große Bedeutung hatte, antwortete einmal Folgendes, als er kritisiert wurde: »Mir gefällt meine Art, es zu tun, besser als Ihre Art und Weise, es ›nicht‹ zu tun.«

**Die Verwirklichung unseres Traums hängt zum einen davon ab, wie sehr wir uns dafür einsetzen, zum anderen von unseren Freunden und unseren Feinden, den Kritikern.**

Wenn Sie aufgrund von unterdrücktem Zorn, verletzten Gefühlen oder einer vernichtenden Kritik beginnen, schlecht über sich selbst zu sprechen oder zu denken, zerstören Sie Ihr Selbstwertgefühl. Und nicht nur das. Sie machen damit auch all Ihre geplanten Projekte zunichte.

**Wenn Sie Ihre Position im Leben kennen, können Sie es für sich in Besitz nehmen.**

Sobald Sie anfangen, gut über sich selbst zu sprechen, sich zu akzeptieren und Sie sich erlauben, glücklich zu sein, werden Sie eine besondere Ausstrahlung entwickeln, eine Präsenz, die zu den besten Kontakten und Chancen Ihres Lebens führen wird.

Gleich und gleich gesellt sich gern, das sollten Sie sich bewusst machen: Klatschmäuler suchen die Gesellschaft anderer Klatschmäuler, Lügner umgeben sich mit Lügnern, und

Menschen, die ihr Leben selbst in die Hand nehmen, ziehen Personen mit einem gesunden Selbstwertgefühl an. Jemand, der nicht von der Meinung anderer abhängig ist, glaubt an sich selbst und ist voller Zuversicht.

**Wer unabhängig von anderen ist, weiß, dass er die Gene eines Siegers hat. Er hat die Kraft derer, die sich nicht darauf konzentrieren, wie oft sie hingefallen sind oder verhöhnt wurden. Sein Traum ist sein Ziel, und er lässt sich durch nichts und niemanden davon abbringen.**

### 3. Rot werden und feuchte Hände bekommen

Wie oft haben wir das schon am eigenen Leib erfahren oder bei anderen erlebt?

Das Gefühl der Verlegenheit oder Scham ist eine Kraft, die uns attackiert, wo immer sie möchte. Sie nutzt unseren Körper, um sich zu manifestieren, und setzt uns physisch zu. Sie lässt uns erröten, verstummen, stottern, und greift uns mit Panikattacken, Juckreiz und Übelkeit an. Egal wie, diese Emotion versucht, ihr Ziel zu erreichen.

Wenn das Gefühl der Scham die Kontrolle über unseren Körper übernimmt, möchten wir am liebsten im Boden versinken. Es ist, als könnten wir diese Emotion nicht in Schach halten. Und noch verzweifelter werden wir, wenn ein anderer bemerkt, was wir eigentlich gerne vor ihm verbergen würden.

Wir haben Angst und sind angespannt, selbst wenn wir kompetent oder qualifiziert sind, und besonders, wenn wir es nicht sind. Wir befürchten, dass wir uns blamieren werden. Daher versucht sich die Emotion der Scham mithilfe unseres Körpers Gehör zu verschaffen.

Wir sollten uns jedoch auf unsere Fähigkeiten und unser Können verlassen, um diesem Gefühl die Stirn zu bieten.

Werfen Sie zunächst all die spöttischen Bemerkungen über Bord, die Sie irgendwann im Laufe Ihres Lebens vernommen haben und die immer noch in Ihrem Inneren nachhallen. Untersuchungen haben gezeigt, dass manche Menschen, die sich das Leben nehmen wollten, die Worte von jemandem im Herzen bewahrt hatten, der ihnen den Tod gewünscht hatte.

Strafen Sie heute alle Kommentare, Erinnerungen und Gesten, die Sie blockiert haben, mit Verachtung.

Denken Sie nicht mehr daran, dass Ihre Mutter, Ihr Vater oder Ihre Chefs zu Ihnen gesagt haben: »Das kannst du nicht.« Verdrängen Sie diese Worte. Sie selbst haben die Kontrolle über Ihr eigenes Leben. Fordern Sie sich selbst und trotzen Sie dem Gefühl der Scham. Fangen Sie an, gut über sich selbst zu denken und zu sprechen. Sobald Sie das tun, werden Sie feststellen, dass auch Ihr Umfeld Sie in einem anderen Licht sieht.

## 4. Ich habe die Note »Sechs« bekommen!

Häufig gehen wir mit dem Gefühl durchs Leben, ständig von anderen geprüft zu werden. Am liebsten würden wir uns jedes Mal wegducken. Wir warten stets auf eine Note oder Bewertung anderer, anstatt uns selbst so einzustufen, wie wir es in Wirklichkeit verdient hätten. Vielleicht haben Sie sich schon einmal sagen hören: »Wofür bin ich überhaupt geboren worden? Nichts gelingt mir! Ich bin ein einziges Desaster!« Wenn wir so über uns denken, hindern wir das Genie in uns daran, zum Tragen zu kommen.

**Das Gefühl der Scham ist eine Barriere, eine Mauer, die verhindert, dass wir eine Verbindung zu uns selbst und zu anderen herstellen.**

Wenn wir zulassen, dass diese Emotion unser Leben kontrolliert, wirkt sie sich automatisch auf unsere Persönlichkeit aus.

Lassen Sie uns nun untersuchen, was mit einem Menschen geschieht, der sich einen Großteil seines Lebens für etwas geschämt hat, und was er empfindet.

*Das Gefühl der Scham ist uns unangenehm. Deshalb nutzen diejenigen, die dadurch blockiert werden, diese Emotion, um ihr Verhalten zu verändern.*

Ronald und Patricia Potter-Efron, Psychologen

— EIN MENSCH, DER SICH SCHÄMT, ISOLIERT SICH.

Er wird automatisch von Schüchternheit befallen und versucht mit allen Mitteln, von der Bildfläche zu verschwinden. Er bleibt lieber alleine, anstatt auch nur einen kleinen Versuch zu unternehmen, um die Situation zu drehen. Natürlich würde er sich gerne ändern, aber sein Geist erinnert ihn ständig an das traumatische Erlebnis. Daher zieht er sich lieber zurück, anstatt sich der Gefahr einer erneuten Blamage auszusetzen.

— DER GESCHMÄHTE WIRD ZU EINER ZIELSCHEIBE FÜR ANGRIFFE.

Menschen, die unter dem Gefühl der Schmach leiden, fühlen sich hilflos. Ihr Selbstwertgefühl ist angekratzt, sie haben weniger Energie und lassen sich leicht manipulieren.

— WER SICH FÜR ETWAS SCHÄMT, MEINT, WENIGER WERT ZU SEIN ALS DIE MENSCHEN IN SEINEM UMFELD.

Menschen, die sich für etwas schämen, leiden darunter und schaden sich, da sie schlecht über sich selbst denken. Sie sehen sich nicht in der Lage, eine Herausforderung zu meistern.

Es ist überaus wichtig zu erkennen, wenn wir uns für etwas schämen. Das ist der erste Schritt, den wir tun müssen, um so etwas nie mehr zu erleben. Deshalb beglückwünsche ich Sie zu Ihrem Mut. Sie setzen sich bereits mit dem Gefühl auseinander, das Sie in irgendeinem Moment blockiert hat.

Je mehr wir erkennen, weshalb wir uns schämen, desto eher können wir uns selbst akzeptieren und so die Ursache für unsere Scham auf einen angemessenen Platz verweisen.

Der Mensch, der Sie dazu veranlasst hat, sich zu schämen, merkt vielleicht nicht, dass er seine Haltung ändern muss. Doch ist seine Einstellung in diesem Fall nicht wichtig. Allerdings sollten Sie sich unbedingt dazu entschließen, dem Gefühl der Scham zu trotzen und sich zu verändern. Beschließen Sie, besser zu leben, auf eine neue und kluge Art und Weise. Es gibt etwas, das Sie am besten können. Sie können immer viel mehr erreichen, als Sie sich früher vorstellen konnten. In Ihrem Inneren finden Sie die Zuversicht und den Mut, die Sie zutage bringen sollten. Stan Smith hat in diesem Zusammenhang einmal Folgendes gesagt: »Wer stark ist, wird noch stärker, und wer gesund ist, fördert seine Gesundheit noch mehr. Die Erfahrung sagt ihm, was er tun soll, und mithilfe seines Selbstbewusstseins kann er dies umsetzen.«

*Wer darauf hört, was sein Schamgefühl ihm sagt, und sich entsprechend verhält, anstatt davor zu fliehen, wird sich letztlich viel wohler fühlen. Wer sich mit seinem Schamgefühl anfreundet, wird sich allmählich mehr respektieren.*

Alexander Pope

## 5. Das Gefühl der Scham überwinden: einfache Strategien und Techniken

Lassen Sie uns einen Moment innehalten, um zu untersuchen, wie Sie angesichts einer Kränkung, einer herabwürdigenden Bemerkung sowie auf mangelndes Lob und fehlende Zuneigung reagieren. Dabei sollten Sie sich bewusst machen, dass Sie zur Überwindung der Scham einzig und allein sich selbst brauchen.

*Wenn wir über uns selbst lachen können, sind wir in der Lage, das Gefühl der Scham zu unserem Vorteil zu nutzen.*

Alexander Pope

Wenn Sie nur den Bemerkungen eine Bedeutung beimessen, die nützlich für Ihr Leben sind, wenn Sie an sich selbst glauben und auf sich selbst vertrauen, werden Sie anders reagieren und handeln, und zwar effektiv und sicher. Und mit der Zeit werden Sie sich nicht einmal mehr daran erinnern, dass Ihnen früher vieles peinlich war.

1. BRINGEN SIE DIE INNERE STIMME DER SCHAM ZUM SCHWEIGEN.

Das Schamgefühl ist eine innere Stimme, die sich sofort meldet, wenn jemand Sie auslacht oder Sie erniedrigen will. Diese innere Stimme lässt sich mit der richtigen Einstellung zum Schweigen bringen. Sie können ihr Grenzen setzen. Erkennen Sie sie und strafen Sie sie dann mit Verachtung. Verlieren Sie keine Zeit!

2. MAN IST KEIN VERSAGER, NUR WEIL MAN EINEN FEHLER MACHT.

Fehler zu machen bedeutet nicht, dass man scheitert. Dessen sollten Sie sich bewusst sein. Achten Sie darauf, sich nicht selbst als Versager abzustempeln.

Bestrafen Sie sich nicht, sondern nutzen Sie Ihre Fehler, um zu wachsen. Ihre Persönlichkeit wird nicht durch Fehler oder Irrtümer definiert.

3. LACHEN SIE ÜBER IHRE FEHLER.

Das Lachen vertreibt das Gefühl der Scham.

4. LASSEN SIE DAS GENIE AUS IHREM INNEREN ZUTAGE TRE-
TEN.

Ihr wahres Ich wird durch Ihr Potenzial definiert, nicht durch das Gefühl der Scham. Sie verfügen über ungenutzte verborgene Kräfte und Fähigkeiten. Es ist an der Zeit, diese Ressourcen zum Vorschein zu bringen.

Sobald Sie beginnen, sich zu bewegen, wird das Schamgefühl verschwinden. Dann wird diese Emotion Sie nicht mehr blockieren. Sie wird vielmehr zu einer Herausforderung. Machen Sie sich bewusst, wer Sie sind. Dann werden Sie, wenn die Situation es in bestimmten Momenten erfordert, sogar schlagfertig und frech sein.

**Sie sollten frech und beharrlich dreist sein, um die Dinge und Träume zu verwirklichen, die Sie sich wünschen. Trauen Sie sich!**

# 09 Die toxische Depression

---

*Eine Reise von zehntausend Kilometern*
*beginnt mit dem ersten Schritt.*

Laotse

Jeder von uns hat irgendwann schon einmal gesagt: »Ich bin heute etwas deprimiert. Ich habe zu nichts Lust.« An solchen Tagen denken wir, alles sei schlecht, alles, was wir erleben, sei düster, und diese Dinge würden nur uns widerfahren. Und an solchen Tagen haben wir keine Lust aufzustehen.

An Tagen wie diesen erinnern wir uns traurig daran, dass wir einmal unseren Arbeitsplatz verloren haben, dass unser Partner uns wegen einer anderen verlassen hat, dass unsere Eltern an unserem Geburtstag nicht angerufen haben, als sie gerade verreist waren. An diesen Tagen scheint unsere gesamte Vergangenheit wieder präsent zu sein, daher sollten wir eine Packung Papiertaschentücher bereithalten.

Fast jeder hat solche Tage schon durchgemacht. Allerdings sind die Symptome bei einer anhaltenden Depression weitaus gravierender. Diese Emotion ist hundertprozentig toxisch.

Wie bei Momenten der Angst oder Traurigkeit müssen wir zwischen einer Depression und einem vorübergehenden »Stimmungstief« unterscheiden, über das wir bereits im Kapitel über den toxischen Kummer gesprochen haben.

Ein »Tief« tritt kurzzeitig auf. Es hält ein paar Tage oder Stunden an und ist völlig normal. Aber eine Depression bleibt lange bestehen.

# Wenn du sieben Mal hinfällst, stehe acht Mal wieder auf!

Immer häufiger begegnet man Menschen, die unter einer Depression gelitten haben, gerade eine solche Phase durchmachen oder jemanden kennen, der sich in diesem Zustand befindet. Es mangelt fürwahr nicht an Gründen, um deprimiert zu sein. Wenn wir danach suchen, stoßen wir wahrscheinlich rasch auf Situationen, die uns deprimieren. Wollen wir das Leben jedoch voll ausschöpfen, sollten wir unsere Tiefs überwinden.

## 1. Es gibt Hoffnung!

Zweifellos gehört die Depression zu den leidvollsten toxischen Emotionen. Auf der ganzen Welt ist diese Erkrankung mit Riesenschritten auf dem Vormarsch, und das quer durch alle gesellschaftlichen Schichten und unabhängig von religiösen Überzeugungen. Erwachsene, Jugendliche und Kinder leiden darunter.

Die Statistiken sind vielsagend. Der Weltgesundheitsorganisation (WHO) zufolge leiden 20 Prozent der Weltbevölkerung unter Depressionen. Der Suizid rangiert weltweit bei den Todesursachen an vierter Stelle, und der Großteil der Suizide wird von depressiven Menschen verübt.

*Wenn Sie sich deprimiert fühlen, werden Ihre Gedanken von einer allgegenwärtigen Negativität beherrscht [...] Diese tiefschwarze Sicht erzeugt in Ihnen ein Gefühl der Hoffnungslosigkeit, ein Gefühl, das sich zwar logisch durch nichts rechtfertigen lässt, Ihnen aber trotzdem als real erscheint. Sie glauben fest daran, dass Ihre Unzulänglichkeit nie ein Ende haben wird.*

*David D. Burns*[4]

---

4   David D. Burns: Feeling Good. Depressionen überwinden. Selbstachtung gewinnen. Aus d. Amerikanischen v. Theo Kierdorf und Hildegard Höhr. Junfermann Verlag, Paderborn 2006, S. 28.

In Lateinamerika gibt es 200 Millionen Depressive. In Argentinien sind es 3,5 Millionen. Etwa 600 000 davon haben Suizidgedanken.[5]

Vielleicht sind Sie beim Lesen dieser Zahlen überrascht, wie häufig diese Erkrankung auftritt.

Die gute Nachricht lautet allerdings, dass die Psychologie mittlerweile Methoden und Lösungen entwickelt hat, mit denen sie Betroffene unterstützen kann, und vielen Menschen ist es gelungen, ihre Depression auf diese Weise zu überwinden!

## 2. Ich will niemanden sehen

Die Depression wirkt toxisch, da sie unsere Gemütsverfassung verändert. Diese Veränderung wirkt sich auf alle Lebensbereiche aus. Wenn unsere Stimmung gedrückt ist, beginnen wir so zu handeln, als wären wir betäubt. Nichts von dem, was uns bisher wichtig war, interessiert uns nun noch. Nichts macht uns Freude, nichts motiviert uns. Jede einzelne dieser Reaktionen hat etwas mit der Depression zu tun, in der wir uns befinden.

> **Ein deprimierter Mensch kommt mit sich selbst nicht mehr klar und hat überdies Schwierigkeiten mit seinem Partner und allen anderen zwischenmenschlichen Beziehungen. Gleichzeitig hat er ein großes Bedürfnis danach, sich geliebt zu fühlen.**

Immer wenn von einer Depression die Rede ist, sprechen wir von einem – meist unbewussten – Verlust. Der Betroffene

---

5  In Deutschland sind etwa vier Millionen Menschen an einer behandlungsbedürftigen Depression erkrankt. Schätzungsweise die Hälfte aller depressiv Erkrankten begehen im Laufe ihres Lebens einen Suizidversuch. (Anm. d. Übers.)

weint und ist traurig, ohne die Ursache zu erkennen. Die Traurigkeit ist das Hauptsymptom des Depressiven Syndroms.

Verdrängte negative Emotionen, Trauer, Leid und Verluste, die nicht verarbeitet wurden, Worte, die ungesagt blieben, Tränen, die nicht zugelassen wurden, Kummer, bittere Enttäuschungen, Erkrankungen, emotionale Verletzungen, die nicht verheilt sind, all das kann im Laufe der Zeit zusammenwirken und einen Menschen aus der Balance bringen. Allmählich erkrankt der Betroffene, er verbringt seine Tage voller Kummer und Schuldgefühle. Er fühlt sich unsicher, ängstlich, willensschwach und blockiert, ist leicht reizbar, negativ gestimmt, hat keinen Appetit, und sein Selbstwertgefühl ist im Keller. In diesem Zustand ist es für einen Betroffenen sehr schwer, Lebensfreude zu empfinden.

Offenbar hat er nach langer Zeit beschlossen, all die Emotionen noch einmal zu durchleben, die er zuvor verdrängt und versteckt hat. *Wir sollten uns bewusst machen, dass jede Emotion vorübergeht und sich nicht durch den Willen kontrollieren lässt, da sie entstanden ist, um wahrgenommen zu werden.* Aus diesem Grund müssen wir sie durchleben und sie anschließend ziehen lassen.

Manche Situationen und Erfahrungen werden nicht abgeschlossen und bleiben ungeklärt. Und genau daran halten wir fest und verbrauchen dafür all unsere emotionale und spirituelle Energie. Dies führt zu größerem Leid, das in irgendeinem Moment spürbar wird. Vielleicht denken wir: »Warum habe ich ihr nicht gesagt, dass ich sie liebe?« »Warum habe ich dieses oder jenes nicht getan?« »Ich habe mein Leben vergeudet!« Bei einer solchen Bilanz, die den Betroffenen depressiv macht, fallen nur die schwierigsten Momente seines Lebens ins Gewicht.

Erinnert sich jemand ständig an ein bestimmtes Thema oder an eine bestimmte Person, so liegt es an den Verletzungen, die diese ihm zugefügt haben, und die nach wie vor Angst und extreme Emotionen bei ihm hervorrufen.

Es gibt ein Bakterium namens Streptokokkus, das den Hals befällt. Siedelt es sich jedoch im Herzen oder den Nieren an, kann es diese ernsthaft schädigen. Daher bekämpfen Ärzte es unverzüglich, sobald es entdeckt wird.

In diesem Zusammenhang lässt sich folgender Vergleich anstellen: Wenn eine toxische Emotion sich im Kopf befindet, kann man sie behandeln. Wandert sie jedoch zum Herzen, zerstört sie es.

Wir sollten daher Folgendes erkennen: Wir müssen die Vergangenheit abschließen, damit sich die Gegenwart öffnen und die Zukunft auf uns zukommen kann.

### 3. Ich habe zu nichts Lust

Wenn wir eine toxische Depression durchmachen, kommt es zu einer Reihe von inneren und äußeren psychischen Symptomen.

Ein depressiver Mensch fühlt sich durch alles belastet. Was zuvor reizvoll war, ist es nun nicht mehr. Was vorher angenehm war, wird nun zu einer großen Bürde. Es ist, als hätte ihn plötzlich eine große Interesselosigkeit befallen.

Die Symptome beeinträchtigen nicht nur einen bestimmten Teil seiner Persönlichkeit, sondern machen sich in der Arbeit, bei seinen Hobbys, in seinen Gedanken, kurz: bei allem, was er tut, bemerkbar.

In solchen Momenten möchte der Betroffene sich am liebsten in Luft auflösen, denn jedes Ereignis, jeder Anruf wird für ihn zur Qual. Alles ist für ihn negativ und unschön, nichts hat einen Sinn, nichts lohnt sich.

In diesem Moment ist der erwachsene Mensch, dem zuvor die Welt offenstand, ein kleines Kind, das Anerkennung und

Zuspruch so dringend benötigt wie die Luft zum Atmen. Dieses erwachsene Kind ist nun so verunsichert, dass es an allem zweifelt und glaubt, niemand liebe es.

**Ein depressiver Mensch macht sich für alles verantwortlich und sieht sich gleichzeitig als Opfer.**

So sagt eine depressive Mutter zum Beispiel zu ihrer Tochter, die sich um sie kümmert: »Du solltest ausgehen und nicht meinetwegen hier eingesperrt sein. Ich will dir nicht zur Last fallen.«

Ein solcher depressiver Zustand geht mit großen Ängsten, Hemmungen und Schuldgefühlen einher. Das Gefühl der Schuld ist sehr intensiv, daher denken viele, die darunter leiden, zum Beispiel:

– Ich weiß nicht, wofür ich überhaupt noch lebe.
– Ich will nur noch sterben.

Viele Depressive sehen den Tod als Ausweg, um ihrer großen Traurigkeit und Angst zu entkommen. Wenn wir so etwas von jemandem hören, sollten wir sehr aufmerksam sein, denn ein Teil dieser Menschen setzt sein Vorhaben tatsächlich um.

*Die Gedanken eines Depressiven drehen sich um bestimmte Vorstellungen:*
– GUT ODER SCHLECHT: Der Depressive ordnet alles, was er erlebt, einer dieser beiden Kategorien zu. Er fragt sich ständig, ob er dieses oder jenes tun »sollte« oder lieber nicht. Und wenn er etwas macht, was er nicht hätte tun sollen, reagiert er gereizt und frustriert und fühlt sich schuldig.
– ALLES ODER NICHTS: Ein depressiver Mensch sieht alles schwarz oder weiß. Grautöne sind aus seinem Leben ver-

schwunden. Seine Aktivitäten ordnet er mental den Kategorien »Ja« oder »Nein« zu.

- ZWANGHAFTE VERALLGEMEINERUNGEN: Hat der Depressive einen Fehler gemacht, empfindet er dies als komplettes Versagen, das sich auf alle Lebensbereiche auswirkt. Ist etwa seine Ehe gescheitert, hat er möglicherweise das Gefühl, ebenfalls am Arbeitsplatz, bei seinen Kindern, in seinen Beziehungen mit Freunden und Bekannten, kurz, bei allem versagt zu haben. Natürlich ist seiner Meinung nach alles seine Schuld, daher ist er davon überzeugt, zu nichts zu taugen.
- NEGATIVE DINGE: Der Depressive kann etwas Negatives oder einen Fehler nicht vergessen. Er kann kein neues Kapitel aufschlagen, sondern macht sich die meiste Zeit Vorwürfe.
- DIE EIGENE PERSON: Der Depressive sieht sich selbst als das Zentrum des Geschehens, vor allem bei negativen Ereignissen. Das Leid eines anderen Menschen führt dazu, dass sein eigenes Leid aktiviert wird und er davon erzählt.

Ein Mensch, der unter einer Depression leidet, beobachtet das Leben durch eine verzerrte Linse. Sein übertriebener Perfektionismus hindert ihn daran, die Dinge so zu sehen, wie sie in Wirklichkeit sind. Niemand ist ständig gut oder böse. An manchen Tagen sind wir nicht gut gelaunt und auf manche Fragen antworten wir nicht mit der gleichen Geduld wie sonst. Das heißt aber nicht, dass wir böse wären.

Hat unser Partner beschlossen, die Beziehung zu beenden, heißt das nicht, dass wir nie mehr einen Partner finden werden. Wenn wir uns selbst herabwürdigen und für Dinge verantwortlich machen, für die wir nichts können, entwickeln wir falsche Vorstellungen über uns selbst. Und diese falschen Vorstellungen führen zur Depression. Das Leben folgt unseren Gedanken, und unsere Lebensweise entspricht deren

Charakter: Es kann friedlich und harmonisch sein oder uns eine dauerhafte zermürbende Depression bringen. Unser Leben übertrifft nie das, was wir unserer Meinung nach verdient haben.

David Burns zufolge sehen wir unsere Emotionen als Beweis für die Wahrheit, da wir von der folgenden Logik überzeugt sind: »Ich fühle mich wie ein Versager, und deshalb *bin* ich ein Versager.« Solche Schlüsse hält er für irreführend, da unsere Gefühle Spiegel unserer Gedanken und Überzeugungen sind. Wenn letztere verzerrt sind – was häufig vorkommt –, entsprechen unsere Emotionen nicht der realen Situation. »Emotionales Argumentieren spielt bei fast allen Depressionen eine Rolle. [...] Ihnen kommt gar nicht in den Sinn zu hinterfragen, ob die Wahrnehmungen, auf denen Ihre Gefühle basieren, zutreffen.«[6]

Sind unser Herz und unser Geist dagegen offen für Worte der Zuversicht, der Aufmunterung, der Weisheit, Anerkennung und Wertschätzung, können wir rasch mit den Jahren des Leids abschließen, die in unserem Geist und in der Seele einen Nachklang gefunden haben, und freudvollen Jahren entgegensehen. Die Vergangenheit lässt sich natürlich nicht verändern, aber wir können etwas dafür tun, um unsere Gegenwart positiv zu gestalten.

**Das Positive siegt stets über das Negative.**

Das Licht ist intensiver als die Dunkelheit. Was geschehen ist, können wir nicht mehr rückgängig machen, aber wir können dafür sorgen, dass sich neue Dinge in unserer Gegenwart ereignen sowie an jedem weiteren Tag, der vor uns liegt. Wir

---

6  David D. Burns: Feeling Good. Depressionen überwinden. Selbstachtung gewinnen. Aus d. Amerikanischen v. Theo Kierdorf und Hildegard Höhr. Junfermann Verlag, Paderborn 2006, S. 49.

können innehalten, um das Leben mit dem Bewusstsein zu betrachten, dass wir vieles erreichen können, und eine Bilanz all der guten Dinge ziehen, die wir erlebt haben. Auf diese Weise können wir sagen: »Manchmal gelingt mir alles gut, manchmal nicht, aber das Beste ist, dass ich es so lange immer wieder aufs Neue versuchen werde, bis ich ein großartiges Ergebnis erzielt habe.«

> Wenn wir unser Herz heilen, dehnt es sich auf eine unvergleichliche, grenzenlose Weise aus, da wir bereit sind für das Beste in unserem Leben.

### 4. Ich möchte nicht das Gleiche durchmachen

Bestimmte Verhaltensweisen werden vererbt: Jemand kann zum Beispiel so ängstlich sein wie seine Mutter, jähzornig wie sein Vater, paranoid wie sein Großvater, passiv wie sein Urgroßvater und depressiv wie sein Onkel.

Das psychologische Erbe verflüchtigt sich nicht einfach aufgrund des Wunsches, jemandem »nicht ähnlich« zu sein, sondern indem wir unsere Gedanken verändern und folglich unser Verhalten.

**Wir sollten uns von unseren überkommenen Denkweisen lösen und anfangen, das Leben mit geeigneten Gedanken und Vorstellungen zu sehen und zu leben.**

Wenn Ihre Mutter depressiv war, sollten Sie sich fest dazu entschließen, es nicht zu sein. Kämpfen Sie mit Würde gegen schwierige Momente an, die Sie möglicherweise durchmachen. Ihr Erbe besteht nicht darin, wie Ihre Vorfahren zu leben und zu sterben, sondern den Traum und die Ziele zu verwirklichen, die für Ihr Leben bestimmt sind.

Heute müssen Sie sich vielleicht noch quälen, aber Sie wissen, dass Sie letztlich als Sieger hervorgehen werden.

Träume, Aufgaben und Ziele geben unserem Leben einen Sinn und sorgen für emotionale Stabilität. Wenn jemand für seinen Traum kämpft, überwindet er seine Grenzen. Unsere Träume trotzen unserem Geist, unseren Gedanken und jedwedem Erbe oder persönlichem Tief, die versuchen, uns davon abzuhalten.

*Wir sollten uns von jedem negativen Erbe trennen, das unsere Vorfahren an uns weitergegeben haben. Wir können beschließen, jedes schädliche Erbe auszuschlagen.*

Hatten Sie schon einmal das Gefühl, völlig am Boden zerstört zu sein, einen Punkt erreicht zu haben, an dem Sie sagen wollten: »Ich habe keine Kraft mehr, ich kann nicht mehr«? Doch am nächsten Tag standen Sie auf, erlaubten es sich nicht, reglos in jenem Zustand zu verharren, in dem nichts gelingt.

Im Moment beobachten wir 15-, 20- und 30-jährige Menschen ohne Antrieb, ohne Ziele, ohne Träume. Sie leiden unter einer sogenannten »weißen Depression« und haben zu nichts Lust. Sie drücken Freude, Schmerz und Traurigkeit mit absolut regloser Miene aus. Es ist, als würden sie schlafen, als hätten sie keine Träume. Und genau das macht die Depression aus. Die Betroffenen haben keinen Traum, kein Ziel, keine Aufgabe.

Es kommt daher nicht darauf an, was sich in Ihrer Vergangenheit ereignet hat, wie alt Sie sind oder ob Ihre gesamte Familie unter solchen Symptomen gelitten hat. Wichtig ist, dass Sie Träume haben, denn wenn das der Fall ist, haben Sie die Kraft, vorwärtszugehen anstatt stehen zu bleiben.

**Das Maß der Zufriedenheit mit sich selbst verhält sich proportional zu dem Gefühl, inwieweit man sein Leben unter Kontrolle hat.**

Solange wir Träume haben und uns auf unser Ziel ausrichten, gibt es weder in unserem Geist noch in unseren Emotionen Raum für eine Depression.

## 5. Ich würde am liebsten zu Hause bleiben

Eine Depression kann sich durch verschiedene Symptome äußern. So haben wir möglicherweise nicht mehr so viel Appetit wie früher. Was bisher eine köstliche Delikatesse war, kommt uns nun fade vor. Ein depressiver Mensch nimmt den Geschmack auf die gleiche Weise wahr wie das Leben: Für ihn ist alles einerlei. Das kann zu großem Gewichtsverlust führen.

Darüber hinaus kann der Betroffene Phasen der Schlaflosigkeit durchmachen. Ein Depressiver hat möglicherweise große Schwierigkeiten einzuschlafen. Das kann nächtelang so gehen. Bei anderen Betroffenen werden die Schlafphasen häufig unterbrochen.

Manche depressiven Menschen gehen einen anderen Weg: Sie schlafen jeden Tag sehr lange und zeigen mit diesem Symptom den deutlichen Wunsch, vor der Realität zu flüchten.

Eine Depression kann sich auch auf die Libido auswirken.  Sex ist häufig das Letzte, was einer deprimierten Person in den Sinn kommt. Manche verlieren sogar jegliches Interesse an der Sexualität und schotten sich gegen sexuelle Verführung und Erregung ab. Sie haben nicht nur keine sexuelle Lust mehr, sie haben zu überhaupt nichts Lust.

**Die Depression ist toxisch. Sie gehört zu den emotionalen Krankheiten, die wir am stärksten in unserem Körper spüren.**

Bei vielen Personen ist eine psychomotorische Verlangsamung erkennbar: In ihrem Gesicht ist das Leid sichtbar, die Bewegungen ihres Körpers sind reduziert und langsam. Ihre Gesten sind nach innen und unten gerichtet (sie sinken in sich zusammen, umklammern ihren Körper mit den Armen, starren auf den Boden), außerdem bewegen sie sich schwerfällig und angestrengt. Weitere Symptome neben den bereits genannten sind unter anderen: Kopfschmerzen, Herzrasen, Erbrechen, Durchfall oder niedriger Blutdruck.

Wir Menschen funktionieren nun einmal als Einheit. Angesichts einer bestimmten Situation oder Anforderung sagen die einen zu uns: »Das ist leicht, dafür gibt es eine einfache Lösung«, andere dagegen behaupten: »Das kannst du nicht schaffen, das ist das Ende.« Die Bedeutung, die wir unseren täglichen Erlebnissen beimessen, heilt uns oder macht uns krank. Was davon geschieht, liegt aufgrund der engen Verbindung zwischen Geist und Körper nicht an den Ereignissen selbst, sondern an der Art und Weise, wie wir sie deuten.

Alles, was dem Körper widerfährt, schlägt sich im Geist nieder, und alles, was im Geist geschieht, wirkt sich auch auf den Körper aus. Es besteht eine unmittelbare wechselseitige Verbindung zwischen Geist und Körper.

Unsere Mimik – selbst wenn wir sie künstlich erzeugen – löst jeweils das Gefühl in uns aus, für das sie steht. Ärgern wir uns zum Beispiel über jemanden, und sagt diese Person daraufhin zu uns: »Na komm schon, lächle mal«, dann ist es so, als würde unser Ärger verfliegen, da unser Lächeln das entsprechende Gefühl in uns auslöst.

Untersuchungen haben Folgendes gezeigt: Wenn wir eine dunkle Straße entlanggehen und beginnen, eine fröhliche Melodie zu pfeifen, weicht die Angst und wir fühlen uns sicherer.

Und auch im Falle einer Depression bringt der Körper das, was der Betroffene durchlebt, deutlich zum Ausdruck. In der

Bibel heißt es: »Ein fröhlich Herz macht ein fröhlich Ange-sicht.« Es ist tatsächlich so. Ist unser Herz traurig, deprimiert und angstvoll, ist dieser Zustand auch körperlich sichtbar.

Wenn Sie eine Depression überwinden oder einem gelieb-ten Menschen die Hand reichen möchten, um ihm zu helfen, sollten Sie wissen, dass es drei unabdingbare Voraussetzun-gen gibt, um unsere Seele und folglich auch unseren Körper zu heilen.

*Ein gesunder Mensch* ...

1. **... KANN SICH ÜBER ETWAS FREUEN.**
   Er freut sich über ein Ereignis, das er in naher Zukunft er-leben wird (zum Beispiel über die Hochzeit seines Sohnes, die bevorstehende Geburt seines Enkels, über seinen baldi-gen Studienabschluss oder darüber, dass er demnächst ein Fest feiern wird), und er erlebt danach viele weitere Dinge. Wer sich über etwas freut, bleibt mit größerer Wahrschein-lichkeit bei guter Gesundheit.

2. **... IST MUTIG.**
   Wer mutig ist, wer für etwas Bestimmtes kämpft, wird wieder gesund, selbst wenn er nicht daran glaubt. Das Schlimmste, was uns passieren kann, ist, für nichts bezie-hungsweise ohne Sinn zu leben. Auch wenn wir dafür le-ben, um zu kämpfen, um einen Gerichtsprozess zu gewin-nen, bei dem es um ein Haus geht oder um das Sorgerecht für ein Kind, so fördert dieser Kampf unseren Mut und ein langes gesundes Leben.

3. **... IST OPTIMISTISCH.**
   Untersuchungen haben gezeigt, dass Menschen, die eine Krankheit herunterspielen, schneller wieder genesen. Das heißt, je mehr wir uns auf eine Krankheit konzentrieren, desto schlechter geht es uns. Und je weniger wir uns da-

mit beschäftigen, desto schneller werden wir wieder gesund.

Das Gleiche geschieht, wenn wir eine schlechte Nachricht erhalten und sie entdramatisieren. Alles geht vorüber und wird zu etwas Größerem und Besserem führen. Wir sollten eine schlechte Nachricht nicht dramatisieren, sondern denken: »Auch das wird sich wieder legen. Ich bin in der Lage, in Ruhe eine Lösung dafür zu finden.« Diese Einstellung impliziert, dass die Situation sich verbessern wird. Ein Optimist sieht die Zukunft stets positiv.

Freude, Mut und Hoffnung helfen uns, mit negativen Emotionen umzugehen. Auf diese Weise sind wir nicht so verletzlich und können uns viel schneller erholen. Die Hoffnung heilt: Um gesund zu werden, benötigen wir ein großes Maß an Hoffnung.

Die Hoffnung ist eine Kraft. Ein zuversichtlicher Mensch ist energievoll und weise, weil er weiß, dass das, was ihm im Leben bevorsteht, von Erfolg gekrönt sein wird.

## 6. Häufige Formen der Depression

Jede Depression manifestiert sich zwar durch die gleichen Symptome, dennoch gibt es verschiedene Formen der Depression. Lassen Sie uns die häufigsten im Folgenden untersuchen.

— DIE REAKTIVE DEPRESSION
Hierbei handelt es sich um eine der häufigsten Formen. Sie tritt als Reaktion auf einen Verlust auf. Dieser Verlust (ob bewusst oder unbewusst) kann sich auf den Arbeitsplatz beziehen oder auf einen Freund, Partner und dergleichen. Gelingt es dem Betroffenen nicht, sich davon zu

erholen, werden der Schmerz und die Traurigkeit immer größer, bis sie sich zur Depression ausweiten. Diese Form der Depression tritt vor allem bei introvertierten, unsicheren und sehr sensiblen Menschen auf.

## – DIE MANISCH-DEPRESSIVE ERKRANKUNG ODER BIPOLARE STÖRUNG

Davon sind Menschen betroffen, die in bestimmten Phasen eine große Euphorie und Freude erleben und dann plötzlich wochen- und monatelang das Gefühl haben, nicht mehr leben zu wollen: In dieser Phase wollen sie nicht mehr aus dem Haus gehen und haben zu nichts Lust. Nach einer Weile stellt sich erneut eine Phase erhöhter Aktivität ein, bis die Betroffenen wieder in einen Zustand zurückfallen, in dem sie gar nichts mehr tun möchten. Diese Ambivalenz führt bei ihnen zu schweren Depressionen.

## – DAS BURN-OUT

Davon sind vor allem Manager und Heranwachsende betroffen. Zum einen kommt es bei Menschen dazu, die großem Leistungsdruck und Stress ausgesetzt sind und sich so lange extrem fordern, bis sie psychisch und physisch erschöpft sind. Zum anderen leiden Heranwachsende unter dieser Form der Depression, wenn verschiedene Auslöser zusammentreffen, dauerhaft auftreten oder sich häufig wiederholen, wenn sie getadelt oder zurückgewiesen werden oder unter familiären Streitigkeiten leiden.

Unsere Leistungsgesellschaft, exzessive Arbeit und Stress führen allmählich zu einer psychischen Erschöpfung, die auch den Körper in Mitleidenschaft zieht.

## – DIE DEPRESSION DER ÜBER FÜNFZIGJÄHRIGEN

Psychologen zufolge kann sich ab einem Alter von 50 Jahren eine involutive Depression entwickeln. Die Betroffenen denken darüber nach, was sie in ihrem Leben getan, was sie erreicht haben und was nicht. »In diesem Punkt habe ich mich geirrt.« »In der Partnerschaft habe ich versagt.« »Ich habe etwas versäumt.« Sie beginnen darüber nachzugrübeln, und erkennen eine Leere in ihrer Vergangenheit. Ihnen wird bewusst, dass das Leben ihnen entglitten ist und sie nicht das getan haben, was sie eigentlich wollten: Ihre Kinder sind außer Haus, in der Partnerschaft läuft es nicht gut, die Arbeit der vergangenen Jahre hat ihre Erwartungen nicht erfüllt, sie haben einige emotionale Verluste erlitten; sie grübeln immer weiter über diese Dinge nach und gleiten schließlich nach und nach in eine Depression ab.

— DIE DEPRESSION AUFGRUND UNVERARBEITETER FEHLER ODER SCHULDGEFÜHLE
Sie betrifft Personen, die im Laufe der Jahre in ihrem tiefsten Inneren das Gefühl entwickelt haben, dass ihnen ihre Fehler nie verziehen worden sind.

Egal, welche Form der Depression auftritt, in jedem Fall kann ein Teufelskreis entstehen. Der Depressive grenzt sich von anderen ab und entwickelt negative Gedanken. Je mehr er sich zurückzieht, desto mehr negative Gedanken hat er, und umso mehr isoliert er sich in der Folge. So begibt er sich in einen Teufelskreis, aus dem er seiner Meinung nach nicht mehr entkommen kann. Ja, Sie haben richtig gelesen. Er ist der Meinung, dass er aus dem Teufelskreis nicht ausbrechen kann, aber es ist durchaus möglich, die Depression zu überwinden.

Die beste Medizin für einen psychisch oder physisch kranken Menschen besteht darin, ihm stets Hoffnung zu machen. Wir sollten von der Hoffnung sprechen, ihn mit Hoffnung nähren und ihm Hoffnung vermitteln. Dies ist das Beste, was wir tun können: Wir sollten uns um den Betroffenen kümmern und ihm zu verstehen geben, dass auch dieses Leid überwunden werden kann. Wir sollten ihn nicht bestrafen oder ihm Vorwürfe machen, sondern ihm Hoffnung schenken, nach dem Motto: »Heute ist es zwar so, wie es ist, aber morgen sieht die Welt schon ganz anders aus.« Die Hoffnung hat eine therapeutische Wirkung.

Sie sollten sich psychisch immun machen. Immunisieren Sie Ihren Geist, damit kein Virus Ihr Leben zerstört und kein negativer Gedanke Sie attackiert, der Ihren Verstand und Ihren Körper vereinnahmen will.

Schaffen Sie ein positives Umfeld für Ihren Geist und Ihren Körper:

1. Wählen Sie Erinnerungen aus Ihrem Leben aus.
2. Erinnern Sie sich bewusst an angenehme Dinge.
3. Vermeiden Sie Auseinandersetzungen.
4. Deuten Sie Ihre Lebenssituation auf eine positive Weise.

Auf diese Weise schützen Sie Ihren Körper und Ihren Geist, und die Depression hat keinen Raum in Ihrem Leben.

### 7. Das Leid überwinden und das Leben genießen: einfache Strategien und Techniken

Viele von uns waren selbst schon einmal deprimiert, oder wir kennen jemanden, der von einer Depression betroffen ist. Die Frage ist, wie wir einem depressiven Menschen helfen können.

Hier sind einige Hinweise, die wir beachten sollten:

–  BEMITLEIDEN SIE DEN ANDEREN NICHT.
   Der Zustand der Angst oder Depression ruft in uns häufig Mitleid hervor, daher können wir leicht in eine Rolle des Überbeschützenden verfallen.

– FEUERN SIE BETROFFENE NICHT MIT WORTEN AN.
Wir sollten Redewendungen wie die Folgenden vermeiden: »Komm schon, lass dich nicht so hängen«, »Dein Zustand ist nichts im Vergleich dazu, was ich bereits durchgemacht habe.« Solche Sätze dienen lediglich dazu, uns selbst zu beruhigen, aber einen deprimierten Menschen machen sie nur noch verzweifelter. Schließlich wünscht er sich nichts mehr, als seinen Zustand zu überwinden. Theoretisch möchte der Depressive aus dem Zustand ausbrechen. Er stellt es sich im Geiste vor, aber wenn er es umsetzen möchte, fühlt er sich energielos und nicht in der Lage dazu.

– REAGIEREN SIE NICHT KALTHERZIG.
Eine kaltherzige Haltung hindert den Betroffenen daran, sich mitzuteilen, und fördert gleichzeitig seine Depression.

Es ist hilfreich, den Depressiven mit einer neutralen Person bekannt zu machen, die Zeit mit ihm verbringt, ihm zuhört und nicht kritisch hinterfragt, was er versucht zum Ausdruck zu bringen.

Damit aus einer Depression nicht mehr als eine Erinnerung in unserem Leben wird, sollten wir unsere Einstellung verändern, denn so verändern wir auch unsere Emotionen. Daher sollten wir:

– ... ERKENNEN, DASS FEHLER ZU UNSEREM PERSÖNLICHEN WACHSTUM DAZUGEHÖREN.
Das Problem ist nicht, einen Fehler zu machen, sondern uns nicht die Zeit zu nehmen, daraus zu lernen, denn auf diese Weise werden wir erneut straucheln. Wenn wir über Fehler nachdenken, lernen wir daraus. Fehler sind keine Quelle des Leids, sondern des persönlichen Wachstums.

- ... ALL DIE DINGE ODER PERSONEN AUSMACHEN, DIE UNS SCHADEN, UND SIE MEIDEN.

In der Phase der Genesung sollten wir keine kranken Familienangehörigen besuchen, keine Nachrichten sehen und Auseinandersetzungen mit anderen Menschen vermeiden. In dieser Zeit sollten wir zur Ruhe kommen, neue Kraft und Energie tanken und beginnen, uns für andere Dinge zu interessieren, um uns neue Möglichkeiten zu erschließen.

- ... UNS GEDANKLICH MIT POSITIVEN DINGEN BESCHÄFTIGEN.

Wir sollten nicht zu selbstkritisch sein und uns nicht schlechtmachen. Darüber hinaus sollten wir alle negativen Gedanken über Bord werfen und uns nicht für alles verantwortlich fühlen, was in unserem Umfeld geschieht.

- ... LERNEN, DINGE POSITIV ZU SEHEN.

Wenn wir die Dinge auf eine negative Weise betrachten, blockieren wir uns selbst, denn stets beginnen unsere Antworten dann mit einem Nein. Wenn wir lernen, auf eine positive Weise über die Dinge zu sprechen, können wir uns ablenken und fördern so die Hoffnung in unserem Inneren.

- ... LERNEN, PAUSEN ZU MACHEN.

Im Rahmen der Möglichkeiten sollten wir versuchen, während unseres Arbeitstages Pausen einzulegen. Es empfiehlt sich, alle zwei Stunden eine fünfminütige Pause zu machen. Auf diese Weise verdreifacht sich erwiesenermaßen unser Leistungsvermögen. Viele Menschen arbeiten sehr lange ohne Unterbrechung und versuchen danach zum Beispiel 24 Stunden lang zu schlafen. Das funktioniert allerdings nicht. Wenn wir Pausen einlegen und zwischendurch etwas anderes machen, hilft uns das, Erschöpfungszustände zu vermeiden.

- ... LERNEN, NEIN ZU SAGEN.
  Manchmal schaffen wir es nicht, anderen Menschen etwas abzuschlagen, wenn sie uns um etwas bitten oder etwas von uns verlangen – egal, ob es sich um einen Freund, den Partner oder unsere Kinder handelt. Auf diese Weise bürden wir uns Verpflichtungen auf, die uns nicht entsprechen.

- ... UNS NICHT SO VIELE NEGATIVE DINGE AUSMALEN.
  Der Mensch neigt zu pessimistischen Gedanken. Wir sollten diese erkennen und ihnen Grenzen setzen.

- ... PROBLEME WEISE ANGEHEN.
  Je größer unsere Probleme sind, desto größer ist der nächste Schritt in unserem persönlichen Wachstum. Wenn wir ein großes Problem lösen, wachsen wir sehr daran. Unsere Probleme zwingen uns nicht in die Knie, sondern machen uns stärker.

- ... DAS GANZE BILD SEHEN.
  Wir sollten uns klarmachen, auf welches Ziel wir zusteuern, um uns auf dem Weg nicht mit Dingen aufzuhalten, die uns nur davon ablenken.

Nehmen Sie nun einen Stift und ein Blatt Papier zur Hand, schreiben Sie die folgenden Sätze auf und befestigen Sie das Blatt dann an Ihrem Kühlschrank, bis Sie sich die Aussagen fest eingeprägt haben:

- Ich sollte mich auf wichtige und große Dinge konzentrieren.
- Alles, was ich tue, werde ich mit einer Siegerhaltung in Angriff nehmen.
- Ich bin ein wertvoller Mensch, und in meinem Inneren stehen mir alle nötigen Mittel und Fähigkeiten zur Verfügung.

– Ich werde alle Chancen nutzen, die sich mir bieten, um mein persönliches Wachstum zu fördern.
– Wenn ich mich leidenschaftlich für etwas begeistere, hat die Depression keine Chance. Die Leidenschaft lässt mich aktiv werden, sie macht mich stärker und flexibler. Die Leidenschaft verleiht mir den nötigen zusätzlichen Impuls, um vorwärtszugehen. Die Leidenschaft schenkt mir Durchhaltevermögen und sorgt dafür, dass ich mich schneller wieder erhole.

**Und schließlich das Wichtigste:**
**Verzeihen Sie, lassen Sie los und schließen Sie**
**mit der Vergangenheit ab.**

Lösen Sie sich von Ihren Ängsten, von den Personen, an denen Sie sich festgeklammert haben, von den Situationen und Geschichten, die Sie mit Leid erfüllt haben, denn das, was auf Sie zukommt, wird stets besser sein.

Lassen Sie die Vergangenheit los, die Worte, die Sie in Ihrem Inneren gespeichert haben, den Kummer und andere Emotionen, die Ihre Zukunft und Ihre Lebenslust untergraben haben.

Sie haben es in der Hand, ob ein anderer noch jemals Ihr Herz verletzt. Sie sind wie ein Same, und kein anderer kann Ihr Leben kontrollieren. Sie selbst entscheiden, inwieweit Sie die Kontrolle abgeben, und nur Sie selbst können sie auch wieder übernehmen. Sie sollten lernen, sich selbst wertzuschätzen und sich zu beglückwünschen.

Wenn jemand sich wertschätzt, sich lobt und sich selbst Anerkennung entgegenbringt, zieht er stets das Beste für sein Leben an: Die besten Freunde, den besten Partner und die beste Familie, denn er zieht die Dinge an, die harmonisch mit ihm im Einklang sind.

Hier noch ein paar letzte Ratschläge:

- MACHEN SIE ÖFTERS ETWAS NEUES: Seien Sie innovativ, überraschen Sie sich selbst hin und wieder, machen Sie in Ihrem Leben öfters etwas Neues!
  Selbst wenn es nur kleine Veränderungen sind, setzen Sie sie bei allem um, was Sie tun, damit Ihnen nicht langweilig wird. Füllen Sie Ihren Kalender mit Aktivitäten, um neue Erfahrungen zu sammeln und sich persönlich weiterzuentwickeln. Leben Sie das Leben auf eine intensive Weise.

- GENIESSEN SIE DAS LEBEN: Wir sind deshalb nicht glücklicher, weil wir das, was uns glücklich macht, nicht häufig genug tun. Was macht Sie glücklich? Tragen Sie es in Ihren Kalender ein und warten Sie nicht bis morgen. Tun Sie heute, was Ihr Herz erfreut. Martin Luther King hat einmal gesagt: »Ein Mensch, der nicht bereit ist, für etwas zu sterben, ist nicht reif für das Leben.«

- STELLEN SIE SICH DIE FOLGENDEN FRAGEN: Habe ich genug geträumt? Habe ich das Leben voll ausgeschöpft? Habe ich gelernt loszulassen? Habe ich intensiv geliebt? Falls Sie diese Fragen bisher nicht mit Ja beantworten können, sollten Sie sich auf den Weg machen. Denn das bedeutet, das Leben zu genießen.

**Sind Geist und Körper mit Sinn erfüllt, voller Freude und Genuss, hat die Depression keinen Raum.**

# 10 Toxischer Frust

*Nicht verzweifeln, auch darüber nicht, dass du nicht verzwei-
felst. Wenn schon alles zu Ende scheint, kommen doch noch
neue Kräfte angerückt, das bedeutet eben, dass du lebst.*

Franz Kafka

Die Frustration hat eine toxische Wirkung auf unsere Lust
weiterzumachen, auf die Kraft, erneut aufzustehen und nach
vorne zu schauen, die wir jeden Morgen beim Aufwachen benötigen. Wir denken so viel an das, was geschehen ist, und gehen es in der Erinnerung tausend Mal durch, dass wir schließlich die Hoffnung verlieren und kaum noch daran glauben,
unser Ziel eines Tages zu erreichen. Ich möchte Sie dazu er-
muntern, einen Schritt in Richtung Zukunft zu machen. Wir
werden uns damit befassen, warum der toxische Frust uns so
stark beeinträchtigt und wie er sich überwinden lässt, damit
wir mehr erreichen können.

*»Ich habe es versucht, aber ich konnte nicht ...«*
*»Ich weiß nicht, ob ich es noch einmal versuchen werde ...«*
*»Ich möchte lieber nicht daran denken ...«*
*»Ich komme nicht darüber hinweg ...«*
*»Oje, da hast du ein Tabuthema angeschnitten. Lass uns lieber
über etwas anderes sprechen ...«*
*»Ich soll das Ganze noch einmal durchmachen? Gar nicht dran
zu denken ...«*
*»Damals hat mir niemand geholfen. Man hat mich alleingelas-
sen ...«*

*»Du kannst dir nicht vorstellen, wie schrecklich es war, als sie mein Vorhaben abgelehnt haben. Das bekomme ich nicht mehr aus meinem Kopf ...«*

## 1. Bin ich frustriert?

Waren Sie in irgendeinem Moment Ihres Lebens schon einmal frustriert? Vielleicht wollten Sie etwas Bestimmtes erreichen, in finanzieller Hinsicht oder innerhalb der Familie, vielleicht ging es auch um etwas Emotionales, und als es Ihnen nicht gelang, fühlten Sie sich frustriert. Was für ein starkes und unangenehmes Gefühl! Es ist, als wäre uns alles misslungen, als wären all unsere Mühe und unser langer Einsatz vergeblich gewesen. Großer Schmerz, Angst und Betrübtheit, all diese Emotionen kommen gleichzeitig in uns hoch, wenn die Frustration an unsere Tür klopft.

**Die Frustration ist ein Gefühl des Scheiterns und der Enttäuschung, das sich angesichts eines nicht erfüllten Wunsches oder eines nicht befriedigten Bedürfnisses einstellt.**

Wir Menschen wurden alle so erschaffen, dass wir von klein auf den inneren Drang haben, Ziele zu erreichen und uns selbst zu übertreffen. Der Wunsch, unsere Träume zu verwirklichen, ist uns von Natur aus gegeben.

**Je größer unsere Sehnsucht nach etwas ist, je mehr wir uns etwas Bestimmtes wünschen, desto frustrierter sind wir, wenn nichts daraus wird.**

Glaubt jemand nicht daran, dass sein Wunsch sich erfüllen wird, entstehen aufgrund der Frustration sofort zwei gegensätzliche Emotionen: Wut und Traurigkeit.

Die Wut ist das Resultat einer Frustration. Sie wird in unserer heutigen Gesellschaft häufig durch Aggression zum Ausdruck gebracht. Jeder wütende Mensch ist im Grunde frustriert.

Die Frustration kann uns zu nachtragenden Menschen machen und sie kann in bestimmten Momenten sogar dazu führen, dass wir uns selbst hassen und angreifen. Dann sagen wir Dinge wie: »Ich bin so ein Dummkopf! Warum passiert mir so etwas?«

Andere Menschen reagieren nicht wütend, sondern resigniert und traurig, wenn sie frustriert sind. Ein trauriger Mensch wird melancholisch, zieht sich zurück und vereinsamt. Er resigniert angesichts einer unbefriedigenden Situation und findet sich damit ab, indem er sagt: »Tja, da kann man eben nichts machen.« Auf diese Weise lässt er zu, dass er in seinem Leben immer isolierter und introvertierter wird.

Ein frustrierter Mensch reagiert überdies extrem sensibel auf alles, was ihn an sein Scheitern erinnert, und hat große Angst vor ähnlichen Situationen. Das leidvolle Gefühl, nicht damit umgehen zu können, kann dazu führen, dass der Betroffene immer weniger wagt und sich mit seiner Situation abfindet, obwohl er nicht mit seinem Leben zufrieden ist – weil er eine neue Enttäuschung um jeden Preis vermeiden will.

## 2. Null Frustrationstoleranz

Wenn jemand seine Ziele nicht erreicht und sich sofort darüber ärgert, sprechen wir davon, dass er keine *Frustrationstoleranz* besitzt. Bestimmt haben Sie in irgendeiner Situation schon einmal über jemanden gesagt: »Dieser Mensch müsste eine größere Frustrationstoleranz haben ...« Und vielleicht hat man das auch schon über Sie gesagt.

Ein Mensch ohne Frustrationstoleranz wurde in der Regel in seiner Kindheit überbehütet. Wenn er weinte, bekam er alles, was er wollte, ohne die geringste Verzögerung. Da er stets erhielt, wonach er verlangte, und seine Bedürfnisse stets befriedigt wurden, ohne dass er sich selbst in irgendeiner Weise dafür anstrengen musste, wuchs dieser Mensch ohne Frustrationen auf.

Und wie verhält sich ein solcher Mensch als Erwachsener? Genauso wie früher! Allerdings schenkt ihm das Leben nicht immer alles, was er sich wüscht. Also protestiert er. Er beklagt sich und wird zu einem eigensinnigen Menschen. Da er immer sofort bekommen hat, was er wollte, kann er überhaupt nicht mit Frustrationen umgehen.

Andere Menschen ertragen Frustrationen dagegen nicht, weil sie in ihrer Kindheit stets ein Nein zu hören bekamen und unter großen Entbehrungen leiden mussten. Wenn sie um etwas baten, lautete die Antwort immer »Nein«. Ihr Wunsch wurde ihnen nicht erfüllt, und alles war aussichtslos. Ein Mensch, der nie etwas bekommen hat, kann Frustrationen als Erwachsener nicht ertragen, da jedes »Nein« und jede »Schwierigkeit« bei der Verfolgung von Zielen ihn an seine Kindheit erinnern. Bei der kleinsten Ablehnung reagieren solche Leute in der Regel sehr heftig oder sogar aggressiv. Ihrer Meinung nach sind die Menschen in ihrem Umfeld dazu da, um ihnen Frustrationen zu ersparen. Daher sagen sie Dinge wie: »Wenn du lieb zu mir bist, schlage ich dich nicht.« Sie glauben, die anderen seien da, um ihnen alles zur Verfügung zu stellen, was sie sich wünschen. Daher dulden sie auf dem Weg zu ihrem Ziel keinen Aufschub und keine Hindernisse.

## 3. Flucht vor dem Frust

Wer sich ständig frustriert fühlt, sammelt so viel Leid in seiner Seele an, dass er seine Emotionen an einem bestimmten Punkt betäuben muss. Er wird versuchen, diesen Schmerz um jeden Preis zu vermeiden. Selbst wenn es nur vorübergehend ist und gravierende Konsequenzen hat, versucht dieser Mensch irgendetwas zu tun, was sein Leid lindert und dazu führt, dass er sich besser fühlt.

Sehen wir uns nun an, auf welche Mittel Menschen zurückgreifen, die Frustrationen nicht ertragen:

*Am klügsten ist es, sich nicht über die mangelnde Zeit zu beklagen, sondern sich über die einfachen Dinge zu freuen, die sich innerhalb kurzer Zeit verwirklichen lassen.*

Margarita Rojas

– Drogenmissbrauch
– Alkoholmissbrauch
– Spielsucht
– Selbstverstümmelungen und -misshandlungen
– Andere zwanghafte Verhaltensweisen

Wenn Sie eine dieser zwanghaften Verhaltensweisen von sich kennen, sollten Sie sich bewusst machen, dass Frustrationen zum Leben dazugehören. Nicht alles, was Sie sich wünschen, benötigen Sie tatsächlich. Außerdem werden Sie nicht alles, was Sie brauchen, stets in dem Moment bekommen, in dem Sie es sich wünschen. *Dennoch sollten Sie Ihre Ziele nie aufgeben und sie stets weiterverfolgen.*

Lassen Sie nicht zu, dass die Enttäuschungen des Lebens – und wir alle werden irgendwann enttäuscht – Ihr Potenzial mindern und Ihre Träume in weite Ferne rücken lassen.

Sie sind größer als Ihre Enttäuschungen. In Ihrem Inneren befindet sich die DNA Ihrer Größe und Kraft. Nur vorübergehend scheinen Leid und Frust sie zu überlagern. Beginnen Sie, Ihr Leben anders zu betrachten. Schlagen Sie ein neues Kapitel auf und machen Sie einen Schritt nach vorne. Ändern Sie zudem etwas an den Dingen, die Ihnen bisher nicht gelungen sind oder die Sie frustriert haben. Erinnern Sie sich an Dinge, die Sie schon so lange tun wollten, zu denen Sie aber noch nicht gekommen sind. Suchen Sie die Gesellschaft von Menschen, die Ihr Leben bereichern.

Was bereitet Ihnen Freude und Vergnügen? Schreiben Sie es auf ein Blatt Papier und beginnen Sie damit, diese Dinge zu tun.

> *Die eine Hälfte der Menschheit versteht die Vergnügungen der anderen nicht.*
>
> Jane Austen

## 4. Eine größere Frustrationstoleranz erreichen

Sie sollten erkennen, dass kein Mensch die Kraft hat und so mächtig ist wie Superman, um Sie zu retten. Stellen Sie keine zu hohen Erwartungen an andere, sonst werden diese Sie früher oder später enttäuschen, ob sie es wollen oder nicht. Wenn Sie jemandem vertrauen, sollten Sie sich des Risikos bewusst sein, das Sie damit eingehen. Werden Sie von anderen enttäuscht, sollten Sie erkennen, dass auch Sie andere Menschen enttäuschen könnten. Ich empfehle Ihnen, in diesem Zusammenhang das Kapitel über die Co-Abhängigkeit zu lesen (s. S. 54).

Vergrößern Sie den Kreis Ihrer sozialen Kontakte, um sich bei Bedarf an verschiedene Menschen wenden zu können. Steht einer davon nicht zur Verfügung, ist stets ein anderer da. Wenn Sie all Ihre Erwartungen auf eine einzige Person richten, werden Sie am Ende immer enttäuscht sein. Wenn möglich, sollten Sie versuchen, von niemandem irgendetwas zu erwarten. So sind Sie frei und können Ihre intakten sozialen Beziehungen genießen.

Ihr Herz ist das Kontrollzentrum Ihrer Emotionen und aller Türen Ihres Lebens. Wenn der falsche Mensch in das Kontrollzentrum eindringt – beziehungsweise in Ihre Intimsphäre –, öffnet er Türen, die geschlossen bleiben müssten, und er schließt Türen, die sich öffnen müssten. Nur Sie haben die Kontrolle über Ihre Emotionen sowie die Freiheit und Fähigkeit zu entscheiden, wie Sie sich fühlen wollen.

Lassen Sie nicht zu, dass andere darüber bestimmen, wie Sie sich entscheiden.

Jeden Morgen können Sie beim Aufwachen den Vorsatz fassen, glücklich zu sein, den Tag zu nutzen und zu genießen und nicht gleich beim ersten Problem, auf das Sie stoßen, frustriert zu sein – selbst wenn die Dinge sich nicht immer so entwickeln, wie Sie es sich wünschen oder erhoffen.


### 5. Wer soll entscheiden, du oder ich? Entscheide du!

Ein Mensch, der ständig frustriert ist, versucht stets, anderen zu gefallen, und lässt zu, dass diese Entscheidungen für ihn treffen.

*Es war einmal ein Waisenmädchen. Es war sehr arm, und da es kein Zuhause hatte, verbrachte es seine Zeit damit, barfuß im Wald spazieren zu gehen. Eines Tages beschloss es, verschiedene Materialien zu sammeln und sich daraus ein Paar Schuhe anzufertigen. Also sammelte es Leder- und Stofffetzen, Blätter und Zweige, die es unterwegs fand. Daraus fertigte es sich ein Paar Schuhe an. Dann setzte es seinen Weg fort. Als es die Stadt erreichte, erblickte es einen Himbeerstrauch. Da kam ihm die Idee, seine Schuhe mit dem Saft der Früchte rot zu färben.*

*Vergnügt setzte das Mädchen seinen Weg mit seinen roten Schuhen fort, war es ihm doch gelungen, mithilfe seiner Klugheit und seines Geschicks selbst ein paar wunderschöne Schuhe anzufertigen, genau so, wie es sich diese vorgestellt und gewünscht hatte.*

*Eines Tages begegnete es auf seinem Weg einer alten Frau, die in einer großen, schön geschmückten Kutsche unterwegs war. Als die Frau das Mädchen sah, hatte sie Mitleid mit ihm und bot ihm an, bei ihr zu wohnen.*

*Das Mädchen war der Frau dankbar dafür und hatte das Gefühl, in ihrer Schuld zu stehen. Daher begann für das Mädchen nun eine Zeit, in der es versuchte, der Frau alles recht zu machen. Es fügte sich sogar, als die alte Frau es aufforderte, seine roten Schuhe wegzuwerfen. Das Mädchen war so geblendet vom Reichtum der Frau, dass es sich zunehmend dominieren ließ und sich anpasste, bis es schließlich alles tat, was die alte Frau wollte ...*

> *Wenn wir uns schuldig fühlen, sind wir davon überzeugt, wir hätten es nicht verdient, dass es uns gut geht.*
>
> Margarita Rojas

Erkennen Sie sich in dem Mädchen aus der Geschichte wieder? Vielleicht haben Sie aus eigener Kraft und aufgrund Ihrer Fähigkeiten ersehnte Ziele erreicht und sich darüber gefreut. Aber dann sind Sie in eine Falle getappt und haben sich von anderen Menschen dominieren lassen – sei es aufgrund kulturell bedingter Vorstellungen, bestimmter Prinzipien oder aufgrund von Zielen und Werten anderer. Und plötzlich gestalteten die anderen Ihr Leben und trafen Entscheidungen für Sie, ohne dass Sie sich dessen bewusst gewesen wären. In dem Moment, in dem Sie beschließen, es anderen recht zu machen und Ja zu sagen, obwohl Sie eigentlich Nein meinen, geben Sie der Frustration Raum.

**Selbst wenn jemand Ziele hat und sich keine Hindernisse auf seinem Weg befinden, wird er letztlich frustriert sein, solange er sich von den Regeln, die ihm auferlegt wurden, nicht lösen kann.**

Manchmal gelingt es uns nicht, unsere Ziele zu erreichen, obwohl diese sehr klar gesteckt sind und obwohl sich keine Hindernisse auf unserem Weg befinden. Wir können frustriert sein, obwohl wir eine intakte Familie haben, beruflich erfolgreich sind und keine großen Probleme uns belasten. Das liegt an unseren Schuldgefühlen. Wenn wir uns schuldig fühlen, spüren wir eine subtile Angst vor Bestrafung und Zurückweisung. Wir fühlen uns unwürdig und glauben, uns stünde nichts zu.

Folglich beginnt ein Teufelskreis, aus dem wir nach einer Weile nicht mehr ausbrechen können. Wir können nichts genießen, da wir uns schuldig fühlen, und wir sind frustriert, weil wir aufgrund unserer Schuldgefühle nicht das gemacht haben, wozu wir eigentlich Lust hatten.

> **Ein Mensch mit festgefahrenen engstirnigen Überzeugungen hat das Gefühl, sein Ziel nie zu erreichen, obwohl er es immer wieder versucht. Und daher wird er scheitern.**

Vielleicht erreichen Sie Ihre Ziele nicht, weil Sie immer wieder das Gleiche versuchen. Wenn Sie stets Dinge tun, die nicht funktionieren, werden Sie immer zu den gleichen Ergebnissen kommen. Falls zwei oder drei Versuche nicht zum gewünschten Resultat führen, sollten Sie etwas anderes ausprobieren.

Wie können Sie erkennen, dass Sie etwas auf eine andere Art und Weise machen sollten? Sie erkennen es, indem Sie Ihre *innere Weisheit* nutzen. Sie sind ein kreatives Wesen, einzigartig und besonders. Suchen Sie nach Ihrer inneren Weisheit und beginnen Sie, Ideen und Strategien zu entwickeln, mit denen es Ihnen gelingen wird, Ihre Ziele zu erreichen.

Beenden Sie alles, was bisher nicht zum gewünschten Ergebnis geführt hat. Glauben Sie an sich selbst und wagen Sie es, Dinge auszuprobieren, die Sie noch nie versucht haben. Wenn jemand sich beklagt, so liegt es immer daran, dass er nicht um die Dinge bitten kann, die er benötigt oder sich wünscht. Viele Menschen und vor allem Männer kostet es immense Überwindung, andere um etwas zu bitten. Es fällt ihnen so schwer, weil man ihnen beigebracht hat, dass der Mann der Versorger ist, der stets zu geben hat, aber nie etwas bekommt. Doch das stimmt nicht!

*Ein tiefer Fall führt oft zu höherem Glück.*

William Shakespeare

Auch wir Männer können auf angemessene Weise um Dinge bitten, die wir brauchen. Natürlich werden wir nicht immer bekommen, was wir uns wünschen. Das gehört zum Leben dazu. Aber wenn wir nicht ständig frustriert sein wollen und bereit sind, ausgeglichener zu leben und Dinge anzunehmen, die uns zustehen, können wir auch mit einem Nein gut umgehen. Darüber hinaus sind wir in der Lage, selbst Nein zu sagen, wenn uns etwas nicht passt oder behagt. Dann können wir frei von Schuldgefühlen sein und erkennen, dass der erste Schritt, um frei und glücklich zu sein, darin besteht, anderen und uns selbst zu verzeihen.

Es lohnt sich, es zu versuchen!

## 6. Die Selbstachtung besiegt den Frust

Anderen gefallen oder es ihnen recht machen zu wollen bedeutet nicht, dass wir sie freundlich anlächeln oder nett zu ihnen sind. Es bedeutet vielmehr, dass wir regelmäßig nachgeben. Wenn wir ständig unsere Prinzipien, unsere Werte, Ziele, Wünsche und Interessen aufgeben, nur um anderen zu gefallen, verlieren wir unsere Selbstachtung.

Es ist unmöglich, es allen recht zu machen! Wenn wir unseren Frust überwinden wollen, müssen wir es wagen, ein Mensch mit Selbstachtung zu sein. Wir sollten nicht länger versuchen, anderen zu gefallen und fremden Zielen, Träumen und Dingen hinterherzujagen.

Sehen wir uns einmal an, welche Eigenschaften einen Menschen mit Selbstachtung charakterisieren:

— ER KENNT SICH SELBST.

Wir alle müssen uns selbst kennenlernen. Dies ist keine leichte Aufgabe, denn wenn wir erkunden, wie es in unserem Inneren aussieht, können wir auf viele Dinge stoßen, die uns nicht gefallen. Trotzdem sollten wir keine Angst davor haben. Möglicherweise wissen wir mehr über unseren Partner, unsere Kinder oder Freunde als über uns selbst. Wenn wir uns Zeit für uns selbst nehmen, entwickeln wir uns zu Menschen mit einer großen Selbstachtung. Wir sind wunderbare Geschöpfe, die es wert sind, erkannt und bewundert zu werden.

> *Ich kenne den Schlüssel zum Erfolg nicht. Ich weiß nur, dass der Schlüssel zum Misserfolg darin besteht, es allen recht machen zu wollen.*
>
> Bill Cosby, US-amerikanischer Komiker

— ER GIBT SEINEM LEBEN SELBST EINE RICHTUNG VOR.

Wir sollten unseren Gedanken, Gefühlen und Taten selbst eine Richtung vorgeben und uns nicht danach richten, was andere denken. Wir sollten unserem Geist, Körper und unserer Seele den Weg weisen. Wir sind frei und dazu in der Lage zu entscheiden, wie wir empfinden wollen. Solange wir diese Wahl nicht für uns selbst treffen, können wir auch keinem anderen den Weg weisen. Wir können keine Pläne für das nächste Jahr schmieden, wenn wir nicht gelernt haben, uns selbst zu führen und uns von allem zu lösen, was uns bisher festgehalten und blockiert hat.

Wenn wir uns selbst eine Richtung vorgeben, wählen wir die Ziele aus, die wir gerne erreichen möchten. Wir selbst entscheiden, welche Gedanken und Gefühle wir zulassen und welche wir über Bord werfen, da sie uns bisher nicht dienlich waren.

— ER VERTRAUT AUF SEIN URTEILSVERMÖGEN UND GLAUBT AN SICH SELBST, AUCH WENN ER FEHLER MACHT.

Wer Fehler gemacht hat, dem kann es schwerfallen, seinem Urteilsvermögen zu vertrauen. Haben Sie das Gefühl, dass Sie die Meinung anderer einholen müssen, bevor Sie eine wichtige Entscheidung treffen? Unsere Entscheidungen werden tatsächlich nicht immer gut oder richtig sein, aber wir müssen eine eigene Meinung entwickeln, auch auf die Gefahr hin, womöglich falschzuliegen. Wir sind in der Lage zu korrigieren, was schlecht ist, falsche Erkenntnisse über Bord zu werfen und vor allem, aufgeschlossen für neue Überzeugungen zu sein, die richtig und gut sind.

> *Hören Sie auf Ihre Emotionen, ignorieren Sie diese nicht und versuchen Sie sie auf eine geeignete Weise zum Ausdruck zu bringen, denn sonst werden sie Ihnen schaden.*
>
> Margarita Rojas

**Jeder Fehler lehrt den Menschen etwas, das er noch zu lernen hatte.**

— ER SETZT PRIORITÄTEN.

Es ist wichtig, bei nebensächlichen Dingen, bei Dingen, die keine Priorität in Ihrem Leben haben, Nein zu sagen, da Sie ohne diese genauso weiterleben können. Das sollten Sie lernen. Auf diese Weise werden Sie sich von Stress und Frust befreien sowie von all dem, was Sie nicht tun möchten.

Ein Mensch mit einer gesunden Selbstachtung setzt klare Grenzen und lässt nicht alles in seinem Leben zu. Beschließen Sie, all den Dingen Grenzen zu setzen, die Ihnen nicht guttun und Sie lediglich am Vorwärtskommen hindern.

— ER NIMMT SICH ZEIT FÜR SICH SELBST.

Es ist positiv, Zeit mit anderen Menschen zu verbringen, aber wir sollten es auch genießen können, alleine zu sein.

Gehören Sie zu den Menschen, die nie alleine sein können? Genießen Sie die Momente des Alleinseins, nutzen Sie sie, um sich kennenzulernen, um die Dinge zu tun, die Ihnen am besten gefallen, um sich zu entspannen. Lernen Sie, gut mit sich selbst zurechtzukommen. Wenn es Ihnen gelingt, das Alleinsein zu genießen, werden Sie sich anschließend viel mehr über die Gesellschaft anderer Menschen freuen. Haben Sie keine Angst vor dem Alleinsein, denn diese Angst wird sich auf Ihre Beziehungen mit anderen auswirken und kann zur Co-Abhängigkeit führen.

— ER VERFÜGT ÜBER ZWEI EIGENSCHAFTEN: AUSDAUER UND ENTSCHLOSSENHEIT, ALLEN HINDERNISSEN ZUM TROTZ.
Falls Sie das, was Sie sich in der Vergangenheit vorgenommen hatten, noch nicht verwirklichen konnten, sollten Sie nicht frustriert sein. Dank Ihrer Ausdauer und Entschlossenheit wird es Ihnen in der Zukunft gelingen. Ein Mensch mit einer gesunden Selbstachtung lebt nicht in einer Fantasiewelt und denkt daher nicht: »Ach, wie schön wäre es, wenn mir so etwas passieren würde.« Im Gegenteil. Er bleibt nie stehen, sondern bewegt sich, und während er vorwärtsgeht, fügen sich die Dinge. Verwirklichen Sie Ihre Träume. Alles, was Sie dafür benötigen, steht Ihnen in Ihrem Inneren zur Verfügung. Winston Churchill hat einmal gesagt: »Erfolg ist die Fähigkeit, von einem Misserfolg zum anderen zu gehen, ohne seine Begeisterung zu verlieren.« Haben Sie beschlossen, ein Mensch mit einer gesunden Selbstachtung zu sein und sich für immer vom Frust zu befreien?
Lassen Sie uns nun die Prinzipien in die Praxis umsetzen, die Ihnen helfen zu sagen: »Ich bin an nichts und niemanden gefesselt, ich bin frei, und was mich irgendwann frustriert hat, macht mich heute stark.«

## 7. Den Frust überwinden und das Leben ausschöpfen: einfache Strategien und Techniken

— MACHEN SIE SICH ALL DIE ZIELE BEWUSST, DIE SIE BISHER NOCH NICHT ERREICHT HABEN.
Wenn es Ziele in Ihrem Leben gibt, die Sie bisher noch nicht erreicht haben, und Ihnen bewusst wird, dass Sie deshalb angespannt und wütend sind, dann sind diese die Quelle Ihrer Frustration. Sie sollten das erkennen und darüber sprechen. Verdrängen Sie Ihre Emotionen nicht und versuchen Sie nicht, sie hinter Süchten oder zwanghaftem Verhalten zu verbergen. Falls nötig, suchen Sie sich professionelle Hilfe.

— SUCHEN SIE SICH ANDERE ZIELE.
Falls Sie einen Traum aufgegeben haben, weil er zu groß war, sollten Sie sich einen anderen suchen und alles Nötige tun, um ihn zu verwirklichen. Wenn Sie von etwas träumen, und es sich zunächst im Geist vorstellen, können Sie es erreichen. Verwandeln Sie Ihre Bedürfnisse in Motivation. Motivieren Sie sich stets selbst. Warten Sie nicht darauf, dass andere es tun. Wiederholen Sie jeden Tag Sätze wie diese: »Es gehört mir noch nicht, aber es wird mir gehören.« »Ich bin arm, aber eines Tages werde ich reich sein.« »Ich habe es noch nicht geschafft, aber ich bin sicher, dass ich es schaffen werde.«

— AKZEPTIEREN SIE HINDERNISSE, DIE IHNEN BEGEGNEN.
Betrachten Sie Hindernisse auf Ihrem Weg nicht als etwas Unüberwindbares, sondern als Chance, um Ihre Kreativität zu nutzen. Um etwas zu versuchen, was Sie noch nie probiert haben. Um sich weiterzuentwickeln und persönlich zu wachsen. Eine Krise kann die beste Chance für eine Veränderung sein. Bewahren Sie sich eine positive Einstellung

und seien Sie selbst inmitten von Schwierigkeiten neugierig auf mögliche positive Ereignisse. Warten Sie nicht darauf, dass sich an Ihrer Situation etwas ändert. Verändern Sie zuerst etwas!

— GESTEHEN SIE SICH FEHLER ZU.
Fehler zu machen ist kein Weltuntergang. Nutzen Sie Ihre Erfahrungen. Lernen Sie aus Ihren Fehlern. Werden Sie zu einem weisen Menschen und ersetzen Sie Gedanken über Niederlagen durch Gedanken an den Erfolg.

— BEFREIEN SIE SICH VON JEGLICHER SCHULD.
Schuldgefühle schaden Ihnen und rauben Ihnen Ihre Fröhlichkeit sowie Ihre innere Ruhe und Selbstsicherheit. Außerdem hindern sie Sie daran, im Leben vorwärtszukommen. Verbannen Sie sie komplett aus Ihrem Leben.

— ERWARTEN SIE NICHT ZU VIEL VON ANDEREN MENSCHEN ODER BESTIMMTEN SITUATIONEN.
Idealisieren Sie niemanden. Wir sind alle nur Menschen mit den gleichen Schwächen und Stärken. Wenn Sie zu viel von einer Situation oder jemandem erwarten, werden Sie am Ende stets frustriert sein.

— KONZENTRIEREN SIE SICH AUF DIE DINGE, DIE SIE BISHER ERREICHT HABEN.
Ihre Erfolge sind wichtig. Beglückwünschen Sie sich dazu und zehren Sie davon. Sie brauchen dafür niemand anderen. Sprechen Sie gut über sich selbst. Glauben Sie an sich. Das ist keine arrogante Haltung. Im Gegenteil. Es hilft Ihnen, ein gesundes und unzerstörbares Selbstwertgefühl zu entwickeln. Seien Sie selbst Ihr bestes Empfehlungsschreiben.

- HABEN SIE VERSTÄNDNIS FÜR SICH SELBST. BESTRAFEN SIE SICH NICHT.

Sie sind nicht besser oder schlechter als irgendjemand sonst. Sie sind Sie selbst, ein einzigartiges, unvergleichliches Wesen mit all Ihren Stärken und sogar mit einigen Schwächen – die sich in Stärken verwandeln, wenn Sie daran arbeiten.

*Ein Mensch, der wieder aufsteht, besitzt noch mehr Größe als einer, der nie gestürzt ist.*

Sich selbst zu vergeben bedeutet zu lernen, ohne Ballast zu leben, ohne Bürde, ohne Vergangenheit – ohne all die Dinge also, die Ihnen schaden und die Sie blockieren. Sich zu verzeihen bedeutet, sich von Leid, Angst und Erinnerungen zu befreien und noch einmal neu anzufangen.

Concepción Arenal, spanische Frauenrechtlerin

**Und vor allem, geben Sie niemals, wirklich niemals auf!**

Das hat Winston Churchill bereits vor langer Zeit gesagt! Denken Sie nie »Ich bin zu jung« oder »Ich bin zu alt, um meine Träume zu verwirklichen«. Sie sind nicht wegen Ihres Alters alt. Sie sind nur alt, wenn Sie kein klares Ziel im Leben haben und aufhören zu träumen.

Lassen Sie sich von den folgenden Personen inspirieren:

- Tiger Woods war drei Jahre alt, als er eine 9-Loch-Runde mit 48 Schlägen spielte.
- Mozart war acht Jahre alt, als er seine erste Symphonie komponierte.
- Bill Gates war 19 Jahre alt, als er die Firma Microsoft gründete.
- Shakespeare war 31, als er ›Romeo und Julia‹ schrieb.
- Mutter Teresa war 40 Jahre alt, als sie die Gemeinschaft der Missionarinnen der Nächstenliebe gründete.

- Winston Churchill war 65 Jahre alt, als er zum Premierminister ernannt wurde.
- Nelson Mandela war 71, als er aus dem südafrikanischen Gefängnis befreit wurde, in dem er eingesperrt war. Vier Jahre später wurde er zum Präsidenten Südafrikas gewählt.
- Chihiro Araya bestieg im Alter von 100 Jahren den höchsten Berg Japans, den Fuji!

*Du bist vielleicht enttäuscht, wenn du scheiterst. Aber du bist verloren, wenn du es nicht versuchst.*

Beverly Sills, Opernsängerin

Es ist möglich, sich vom Frust zu befreien. Verabschieden Sie sich vom Ärger, von der Traurigkeit und der Schuld in Ihrem Leben. Lassen Sie nicht zu, dass sie Ihnen weiterhin Ihre Fröhlichkeit und Lebenslust rauben.

Wenn Sie Ihre Ziele und Ihre Träume unterwegs verloren haben, holen Sie sich diese wieder zurück. Kämpfen Sie für die Dinge, die Sie erreichen wollen.

Es ist egal, wie oft Sie es bereits versucht haben und dabei gescheitert sind. Wenn Sie Fehler gemacht haben, sollten Sie es erneut versuchen. Nur wer etwas nicht versucht, scheitert tatsächlich. Geben Sie nie auf.

Es ist egal, wenn andere ihr Ziel vor Ihnen erreicht haben. Es ist nie zu spät. Es kommt nicht darauf an, wie lange Sie auf dem Boden lagen. Stehen Sie auf.

Die Hindernisse, auf die Sie stoßen, sollten lediglich dazu dienen, etwas Neues aus Ihnen hervorzulocken: neue Ideen, neue Chancen, neue Kräfte. Glauben Sie an sich selbst und erwarten Sie stets das Beste vom Leben. Erweitern Sie Ihre Perspektive. Möge niemand Sie daran hindern, den Gipfel zu erreichen.

# 11  Toxische Trauer

*Verwechsle das Leid nicht mit Liebe und die Überwindung
des Leids nicht mit dem Vergessen ...*

Margarita Rojas

Wir können jede Emotion auf verschiedene Weise und unterschiedlich intensiv erleben. Es ist wichtig, uns gut um unser Inneres zu kümmern, damit wir in einem Moment des Leids die nötige Kraft haben, um es zu bewältigen, und nicht in diesem Gefühl versinken. So verhindern wir, dass es sich in eine toxische Emotion verwandelt.

## 1. Lernen zu leben – darum geht es

Wir Menschen machen verschiedene Lebenszyklen durch. Das gilt für uns alle, ohne Ausnahme. Es sind Zyklen der Freude und Liebe, Zyklen des Leids, des Kummers und der Trauer.

In der Bibel heißt es im Buch Kohelet: »Alles hat seine Zeit.« In jeder Phase unseres Lebens machen wir Veränderungen durch. Wir passen uns an, lernen, kämpfen, erfahren Leid und Freude. Und ausnahmslos erleben wir alle zwei essenzielle Situationen: den Moment unserer Geburt und einen Moment des Abschieds (von Angehörigen, geliebten Menschen und sogar von uns selbst).

Wir werden geboren und wachsen, und dieser gesamte Prozess verwandelt uns. Wir sind Menschen mit Gefühlen und einem Potenzial, das wir freisetzen müssen, damit wir leben und glücklich sind, anstatt nur zu überleben.

**Weisheit heißt, sich entscheiden können.**

*Einen Wissenden darf ich mich nicht nennen. Ich war ein Suchender und bin es noch, aber ich suche nicht mehr auf den Sternen und in den Büchern, ich beginne die Lehren zu hören, die mein Blut in mir rauscht ...*

Hermann Hesse

In unserem täglichen Leben legen wir einen langen Weg zurück, den wir selbst gestalten müssen. Wie er aussieht, hängt davon ab, wie wir unser Inneres erfüllen und welche Beziehungen mit anderen wir für uns selbst wählen.

Die Tatsache, dass wir am Leben sind, macht uns zu verletzlichen Wesen. Wir reagieren sensibel auf jede Emotion, die aus unserem Inneren hervorströmt und durch etwas, das sie im Außen wahrnimmt, ihren Ausdruck findet. Daher sind wir verantwortlich für die Art und Weise, wie wir unser Leben gestalten. Kein anderer ist in der Lage, das für uns zu entscheiden. Wir müssen es riskieren zu leben, und nur wir selbst können entscheiden, auf welche Weise wir es tun sollten.

Auf unserem Lebensweg begegnen wir Schwierigkeiten, Leid, Ängsten und Verlusten, aber wir verfügen auch über die emotionalen und kognitiven Fähigkeiten, all das zu bewältigen und sogar die Momente zu ertragen, die uns unerträglich scheinen.

In jeder Phase oder jedem Lebensabschnitt ist es am heilsamsten, unsere Emotionen zum Ausdruck zu bringen, anstatt an bestimmten Situationen oder Personen festzuhalten, mit denen wir bisher nicht abschließen konnten.

**In derselben toxischen Emotion zu verharren, hindert uns daran weiterzuleben, zu lernen und uns als Person weiterzuentwickeln.**

Wie gesagt: *Es geht darum zu leben, nicht darum zu überleben.*
Der Unterschied zwischen diesen beiden Lebensformen
hängt davon ab, inwieweit jeder Einzelne Verantwortung für
die Situation übernimmt, die er erlebt, und wie sehr er sie
kontrolliert.

## 2. Verluste

**Jeder unverarbeitete Verlust aus der Vergangenheit wird
zu einer Belastung, die einen niedergedrückt hält,
zu einer toxischen Emotion, die blockiert.**

Wir alle haben bereits einen oder mehrere Verluste erlitten.
Statistisch gesehen können wir Menschen während unseres
Lebens etwa 40 verschiedene emotionale Verluste erleiden:
den Verlust eines Freundes, Partners oder Ehepartners, eine
Scheidung, den Tod eines Kindes, einen Umzug, einen Wech-
sel der Universität. Es handelt sich um verschiedene Kategorien des Verlusts und des Mangels, aber letztlich sind es alles
emotionale Verluste.

**Wenn wir Verluste nur ertragen, verarbeiten wir sie nicht.**

Wir Menschen bauen affektive Bindungen zu Dingen und
Personen auf. Wir projizieren einen großen Teil von uns
selbst auf sie, etwa durch Erwartungen, Vorstellungen, Vertrauen, Freundschaft, Worte, Emotionen, Bindungen. Wenn
wir einen geliebten Menschen verlieren, haben wir daher das
Gefühl, dass ein großer Teil von uns mit ihm geht. Je mehr
wir lieben, desto mehr leiden wir, je stärker die Verbindung,
desto intensiver wird auch die Trauer sein.
    Die Intensität des Leids angesichts unseres Verlustes hängt
davon ab, welche Beziehung wir zu dem Menschen hatten.

Wenn wir im Fernsehen zum Beispiel sehen, dass jemand getötet wurde, den wir nicht kennen, berührt uns diese Nachricht zwar, aber wenn es sich bei der Person um einen geliebten Menschen gehandelt hätte, würde uns das ganz anders treffen.

Angesichts eines Verlustes – obwohl er zum Leben dazugehört – entsteht die Trauer.

In einem solchen Moment findet im Betroffenen ein innerer Kampf statt: Ein Teil von ihm akzeptiert den Verlust, ein anderer will ihn nicht wahrhaben. Diese widerstreitenden Gefühle erzeugen einen inneren Konflikt und führen zum Kampf. Obwohl der Zustand nicht angenehm ist, sollten wir uns alle mit unserer Trauer befassen. In der Psychologie gilt die Trauerarbeit als Versuch, den Verlust zu akzeptieren und die entsprechenden inneren Veränderungen zu vollbringen (das heißt, die Libido[7] von dem Objekt, das man verloren hat, zurückzuziehen). Mit der Zeit sollte der Betroffene zu seinen gewohnten Verhaltensweisen zurückfinden und die Kontrolle über sein Leben wiedererlangen.

Angesichts des Verlusts eines geliebten Menschen ist die Trauer ein normaler Prozess mit folgenden Phasen:

– Erkennen des Verlusts
– Eigentliche Trauerphase
– Rückkehr zum gewohnten Leben

**Nach einem Verlust ist die Trauer ein normaler Prozess. Es ist wichtig, sie bewusst zu erleben, um sie zu bewältigen.**

Allerdings gibt es verschiedene Formen der Trauer. Sehen wir uns einige davon an:

---

7   Stamateas verwendet hier zur Bezeichnung von »Liebe« den Freud'schen Begriff der »Libido« (Anm. d. Übers.)

## — DIE PATHOLOGISCHE TRAUER

Wie bereits erwähnt, akzeptiert der Betroffene bei der normalen Trauer den Verlust des Objekts (einer Sache oder Person). Bei der pathologischen Trauer ist das nicht der Fall, sondern er greift auf verschiedene Mechanismen zurück, um sich der Trauer zu entziehen. Die zwei grundlegenden Formen der pathologischen Trauer sind die Verleugnung der Trauer – nach dem Motto: nichts ist passiert, es hat sich nichts geändert – und die übertriebene Trauer.

## — VERLEUGNUNG DER TRAUER

Diese Form der Trauer erleben Menschen, die einen Verlust erlitten haben, ihre Gefühle aber nicht entsprechend zum Ausdruck bringen können. Im Allgemeinen neigen Männer stärker zu dieser Trauerreaktion. Wir unterdrücken unsere Gefühle, schlucken sie hinunter, ertragen sie: »Männer müssen stark sein, dürfen nicht weinen, ihre Gefühle nicht zeigen.« Wir betrachten die Situation auf eine rationale Weise, um nicht zu verraten, was wir in Wirklichkeit empfinden. Aber all das ist falsch. Auch Männer dürfen weinen, und es ist heilsam, die Phasen der Trauer durchzumachen. Viele Menschen glauben, es sei ein Zeichen von Schwäche, die Trauer zuzulassen. Daher tun sie so, als sei der andere Mensch nicht gestorben, als empfänden sie keinen Schmerz. Sie machen sich allerdings nicht bewusst, dass es ihrem Körper und ihrer Seele letztlich schadet, wenn sie ihre wahren Gefühle nicht zulassen.

## — ÜBERTRIEBENE TRAUER

Dazu kommt es, wenn jemand seine Trauer nicht zurückhält, sondern ihr ungehindert freien Lauf lässt. Im Gegensatz zur Symptomatik bei der negierten Trauer weint und schreit der Betroffene hier, er ist wütend, empfindet Angst, Schmerz und Schuld ...

Die übertriebene Trauer führt zur Depression und häufig zu bestimmten emotionalen Veränderungen.

Angesichts des Verlusts reagiert der Betroffene mit unkontrollierten Gefühlsausbrüchen. Sigmund Freud zufolge ist die Melancholie eine Manifestation pathologischer Trauer. Häufige Symptome sind: Schlaflosigkeit, Verstimmung, Appetitlosigkeit, Schuldgefühle, große Selbstvorwürfe, Suizidgedanken und Vereinsamung. Und diese werden jedes Mal stärker und treten anhaltender auf.

– AMBIVALENTE TRAUER

Diese Form der Trauer tritt auf, wenn man nicht weiß, ob der andere Mensch gestorben ist oder nicht. Das kann bei einer vermissten oder entführten Person der Fall sein, bei einem Ehemann, der fortgegangen und nie mehr zurückgekehrt ist, bei einem Vater, der an einem Ort weiterlebt, den sein Kind nicht kennt, und bei einem Adoptivkind, das davon weiß, sich aber nicht dafür interessiert, wo seine biologischen Eltern sind.

Diese Form der Trauer wird auch als »eingefrorene Trauer« bezeichnet. Das heißt, die Betroffenen empfinden Freude und gleichzeitig Leid, weil sie einen bestimmten Lebensabschnitt nicht abschließen oder verstehen können.

Der Psychoanalytiker John Bowlby zeigt dagegen in seinem Werk ›Bindung und Verlust‹, dass die pathologische Trauer durch folgende Merkmale gekennzeichnet ist:

– Unbewusste Sehnsucht nach der verlorenen Person
– Unbewusste Vorwürfe gegenüber der verlorenen Person im Verein mit bewussten und oft erbarmungslosen Selbstvorwürfen
– Zwanghafte Sorge um andere Personen
– Hartnäckiges Nicht-glauben-können, dass der Verlust bleibend ist.[8]

---

8  John Bowlby: Verlust, Trauer und Depression. Fischer Taschenbuch Verlag, Frankfurt a. Main 1983, S. 29.

Wir sollten uns bewusst machen, dass folgende Faktoren sich auf die Dauer und Intensität der Trauer auswirken können: Die Todesursache und -umstände eines Menschen, dessen Identität und die Rolle, die er für den Trauernden gespielt hat. Darüber hinaus spielen Alter, Geschlecht und Persönlichkeitsstruktur der Person, die den Verlust erlitten hat, eine Rolle.

**Wie die Trauer auch aussehen mag, die wir in uns bewahren, wir sollten uns bewusst machen, dass der Schmerz kein Zustand, sondern ein Prozess ist. Wir sollten den Schmerz zulassen, damit wir uns auf diese Weise mit dem Leben aussöhnen können.**

## 3. Die Trauerzeit

Die Trauerzeit ist eine Form, um auf den Tod eines Angehörigen zu reagieren, um der Außenwelt den eigenen Schmerz angesichts des Verlustes zu signalisieren. In der Trauerzeit manifestiert sich der Schmerz auf sichtbare Weise.

Die Trauerzeit ist eine kulturell bedingte Tradition. In der Antike bestreuten sich Trauernde mit Asche und zerrissen sich die Kleider. Früher war es sehr wichtig, die Trauerzeit einzuhalten. Tat jemand das nicht, wurde vermutet, der Tod des Verstorbenen habe keine große Bedeutung für das Leben des Hinterbliebenen.

Waren Frauen in Trauer, durften sie sich weder die Lippen schminken oder die Fingernägel lackieren, noch enge Kleidung tragen. Frauen in Indien, die ihren Mann verloren hatten, schnitten sich die Haare ab. Und wenn diese wieder nachgewachsen waren, hatte die Zeit der Trauer ein Ende.[9]

---

9   ›El luto de las viudas‹ (Die Trauerzeit der Witwen), http://www.agustincelis.com.

Die Farbe Schwarz war die Farbe der Trauer, und für viele Menschen ist sie es auch heute noch. In manchen Gegenden gibt es Klageweiber, woanders werden Totenwachen gehalten und in anderen Regionen singt man.

Heute wissen wir, dass die äußeren Zeichen der Trauer nicht wichtig sind. Ob man weiße oder schwarze Kleidung trägt, ob man sich eine Woche lang in seine Wohnung oder eine Kirche zurückzieht und weint oder ob man der Welt zeigt, wie schlecht es einem wegen des Verlusts des Angehörigen geht: Wichtig ist die Trauer selbst, die Erkenntnis, dass jeder Mensch einen Verlust im Inneren seiner Seele erleidet. Jeder Einzelne kann sich entscheiden, wie er die Trauer erleben will.

Und das hängt nicht davon ab, ob wir uns schminken, wie wir uns kleiden, ob wir zu einem Fußballspiel gehen oder nicht, sondern davon, ob wir erkennen, dass es sich um eine schwierige Zeit handelt, die wir zulassen müssen, damit wir das Geschehene akzeptieren und unser Leben im gegebenen Moment ausgeglichen und mit Freude wieder aufnehmen können.

## 4. Mythen über die Trauer

Interessanterweise bringt man uns in unseren ersten Lebensjahren bei, uns Dinge zu erkämpfen, zu siegen und Ziele zu erreichen. Aber niemand hat uns gesagt, was wir tun sollen, wenn wir einen geliebten Menschen verlieren. Und was noch schlimmer ist, man hat uns über den Verlust ungeeignete Dinge beigebracht. »Die Mythen rund um den Tod sind Behauptungen, die wir für wahr halten. Aber sie sind nicht wissenschaftlich untermauert. Aufgrund dieser ›falschen Behauptungen‹ glauben wir, dass wir dem Trauernden dabei helfen, seinen Verlust zu verarbeiten. Doch in Wirklichkeit vermitteln wir ihm das Gefühl, dass er von seinem nahen sozialen Umfeld nicht verstanden wird.«[10]

Lassen Sie uns nun einige falsche Verhaltensweisen untersuchen, die uns im Zusammenhang mit einem Verlust direkt oder indirekt vermittelt wurden und die wir bewusst oder unbewusst verinnerlicht haben:

− DU KANNST DEN VERLUST ERSETZEN.

Ich habe einmal eine Geschichte über einen kleinen Jungen gelesen, der einen Hund hatte. Als dieser Hund eines Tages starb und der Junge voller Schmerz heftig zu weinen begann, sagten seine Eltern zu ihm: »Weine nicht, wir kaufen dir einen anderen Hund.« In dieser Aussage sind zwei Botschaften über den Verlust enthalten:

*Erstens:* »*Du sollst nicht weinen.*« »Du solltest deinen Schmerz nicht zeigen, sondern ihn ertragen.« Wenn der Junge größer wird, wird er aufgrund dieser Botschaft alles unterdrücken, was Schmerz und Tränen bei ihm hervorruft. Und er wird seine Gefühle verbergen – denn von klein auf wurde er dazu angehalten, nicht zu weinen.

*Zweitens:* »*Der Verlust ist ersetzbar.*« Eine andere Geschichte erzählt von einem jungen Mann, der sich mit seiner Freundin zerstritten hatte. Er war untröstlich und weinte. Seine Mutter, die ihn nicht länger leiden sehen wollte, sagte zu ihm: »Es gibt viele Fische im Meer.« Damit wollte sie ihm bedeuten: »Mein Sohn, weine nicht um diese Frau. Es gibt Hunderte andere.« Will heißen: Man kann und sollte den Schmerz gegen eine andere Frau austauschen.

Aufgrund solcher Botschaften wachsen wir unbewusst mit der Überzeugung auf, erlittene Verluste könnten durch anderes ersetzt werden. Wir können den Tod eines Kindes leichter

---

10   http://www.duelo.org/trauma_en_duelo.html.

ertragen, wenn wir wieder ein Kind bekommen. Wenn unser Partner uns verlassen oder betrogen hat, lassen wir die Trauer nicht zu, sondern suchen uns einfach den nächstbesten Mann oder die nächstbeste Frau, um uns nicht länger einsam zu fühlen und nicht länger unter der Abwesenheit des anderen zu leiden. Wir ersetzen den Verlust einer Mutter oder eines geliebten Menschen, indem wir uns mit Essen vollstopfen und uns immer mehr mit Arbeit überhäufen. Nach dem Motto: nicht nachdenken, nicht unter Verlusten leiden.

Man hat uns gelehrt, Verluste zu ersetzen, da man dachte, auf diese Weise könne man das Leid vermeiden.

— DU SOLLTEST DEIN LEID MIT DIR ALLEINE AUSMACHEN.
Wenn zum Beispiel ein Kind in der Schule weint, wird es vom Klassenzimmer an einen ruhigen Ort gebracht, damit es alleine sein kann. Die Botschaft lautet hier: »Wenn du weinen oder Leid zum Ausdruck bringen musst, solltest du für dich bleiben.« Eltern fördern diese Botschaft zusätzlich, indem sie sagen: »Wenn du dich schlecht fühlst, geh auf dein Zimmer.« Und das Gleiche geschieht angesichts von Trauer. Wir wollen nicht vor anderen weinen, um niemanden in Verlegenheit zu bringen. Also weinen wir, wenn wir alleine sind, denn uns wird vermittelt: »Wenn du lachst, lachen wir mit dir, aber wenn du weinst, dann weinst du alleine.«

— DIE ZEIT HEILT ALLE WUNDEN. DEIN SCHMERZ WIRD BALD VORBEI SEIN.
Wer bereits schwere Verluste erlitten hat, wird sicherlich festgestellt haben, dass die Zeit gar nichts heilt. Jahre können vergehen, vielleicht sogar das ganze Leben, und trotzdem blutet das Herz möglicherweise immer noch.

— IN EINER WOCHE HAST DU ES ÜBERSTANDEN.

Es ist ebenfalls ein Mythos zu glauben, die Trauer dürfe nur eine bestimmte Zeit lang anhalten. Es gibt keine bestimmte Zeitspanne dafür. Trauer ist etwas Persönliches. Folgendes geschieht tatsächlich im Laufe der Zeit: Die Liebe (Libido) zieht sich allmählich von dem Objekt zurück, das man verloren hat, und bereitet so die Wiederaufnahme sozialer Beziehungen vor. Der schmerzliche Charakter der Trauer ist auf die anhaltende Sehnsucht nach dem Menschen zurückzuführen, den man verloren hat. Der Betroffene hat den intensiven Wunsch, den geliebten Menschen zurückzubekommen. Sein Bedürfnis äußert sich anhand verschiedenster Emotionen, von Gefühlen der Hoffnung bis zum Weinen. Auch bei der normalen Trauer entsteht – häufig unbewusst – Wut auf den Menschen, den der Betroffene verloren hat. Diese Wut hängt eng mit dem Gefühl der Ohnmacht in dieser Situation zusammen und wird möglicherweise an einer anderen Person ausgelassen.

— DU MUSST STARK SEIN.

»Sei stark, ertrage es.« Wer sich an diese Aufforderung hält, wird körperlich unter den Konsequenzen leiden, wird beispielsweise einen Herzinfarkt oder ein Magengeschwür bekommen. Solche Leute sagen angesichts der Trauer, eines Todesfalls oder eines anderen Verlusts Dinge wie: »Ich darf nicht nachgeben, denn wenn ich es zulasse, zieht es mich zu sehr nach unten.« Diese Menschen sind die Ersten, die krank werden. Der Starke versucht in all seinen Rollen stark zu bleiben: Er lässt sich scheiden, verliert seine Arbeit, er zieht von einem Ort zum nächsten um, aber er will sich belastbar zeigen und dafür sorgen, dass all der Schmerz in seinem Inneren bleibt, denn er hat eine falsche Haltung angesichts der Trauer entwickelt: »Sei stark!« Als wäre es ein Zeichen von Schwäche, zu weinen.

— DU SOLLTEST DICH ABLENKEN.
»Du solltest häufiger aus dem Haus gehen. Geh ins Kino, geh aus, zerstreue dich.« Zerstreuung und Beschäftigung lenken uns zwar ab, aber sie heilen unsere Wunden nicht. Wir betäuben uns lediglich, um nicht nachzudenken, und lenken uns mit Aktivitäten ab. Doch dabei wird uns Folgendes nicht bewusst: Egal, was wir auch tun mögen, wenn wir unsere Trauer nicht zulassen, wird dieser Schmerz unsere Gefühle in irgendeinem Moment erneut verletzen.

Wir sollten vor allem erkennen, dass die Trauer leidvoll ist; trotzdem müssen wir uns ihr stellen.

Vielleicht fühlen wir uns schuldig, wenn wir uns nach einem Verlust schnell wieder fangen. Möglicherweise bestrafen wir uns, weil wir denken, es müsse uns lange Zeit schlecht gehen, wir müssten des Verstorbenen gedenken: »Wie soll ich ins Kino gehen, nun, da er nicht mehr ist, da er gestorben ist? Warum soll ich weiterleben, er aber nicht?«

Viele Menschen beschließen, mit dem Menschen zu sterben, der nicht mehr da ist. Allerdings wird diese Entscheidung das Geschehene nicht verändern. Wir müssen den Schmerz überwinden und auch die geliebten Menschen loslassen, die nicht mehr bei uns sind.

Der Theologe Víctor Manuel Fernández unterscheidet zwischen liebevollem Gedenken und »innerer Versklavung«, wenn wir uns aufgrund dieser Bindung aufgeben, uns persönlich nicht mehr weiterentwickeln, wenn wir krank werden und das Leben keinen Sinn mehr für uns hat. Wir denken, wenn wir das Leben nicht mehr genießen, würden wir dem Verstorbenen gerecht, aber das ist ein Irrtum. Wir Lebenden müssen vorwärtsgehen. Wir müssen wieder auf die Beine kommen und neu anfangen. Das Leben ist zu wertvoll, um es einfach so an uns vorüberziehen zu lassen. Solange wir leben, haben wir die Kraft, um wieder aufzustehen und noch einmal neu anzufangen. Vielleicht müssen wir es dieses Mal auf eine andere Weise und mit anderen Menschen tun, aber wir können es schaffen. Wir stehen vor einem neuen Lebensabschnitt, aber wir haben uns selbst und können loslegen, denn wir sind am Leben, und es gibt noch viele Träume, die wir verwirklichen können. Wir sollten den Schmerz, die Erinnerungen und Trauer loslassen, anstatt daran festzuhalten. Und wir sollten uns nicht für etwas bestrafen, wofür wir nichts können. Wir sollten uns von der Vergangenheit verabschieden, das Neue willkommen heißen und uns für das Leben öffnen. Wir sollten uns nicht abschotten.

Der argentinische Autor und Pädagoge Jaime Barylko sagt: »Wir sollten lieber keine Denkmäler aus unseren intensivsten Erfahrungen machen, denn damit zerstören wir sie und verwandeln sie zu starren, festgefahrenen Erinnerungen. Die Denkmäler sollten durch Momente ersetzt werden. Momente bewegen sich, sie sind wie ein Fluss …«.

Das entspricht unserem Leben, es ist ein Fluss, ein Strom, der immer in Bewegung, in Aktion ist. Niemand kann ihn aufhalten, nur wir selbst.

Víctor Manuel Fernández plädiert für Folgendes: »Nachdem wir eine intensive Erfahrung durchgemacht haben, sollten wir sie loslassen und zu anderen Dingen übergehen, nach dem Motto: ›Lasst uns vorwärtsgehen, anstatt an Gräbern zu verweilen.‹«

Unsere Ausrichtung macht den Unterschied. Viele Menschen behaupten zwar, die Zeit verändere die Dinge und Situationen, aber in Wirklichkeit können nur wir selbst eine Veränderung herbeiführen. Es liegt einzig und allein an uns.

Wenn Sie in Freiheit leben wollen, dürfen Sie nicht an die Vergangenheit, an das, was geschehen ist, an die Erinnerungen gekettet bleiben. Dessen sollten Sie sich bewusst sein. Lassen Sie all das los, atmen Sie tief durch und beginnen Sie wieder, vorwärtszugehen …

## 5. Niemand kann sich in unsere Situation hineinversetzen

DAS LEID IST EINZIGARTIG. Wir sollten nie davon ausgehen, dass ein anderer Mensch unser Leid verstehen kann, denn es ist allein unser Leid. Nicht einmal jemand, der ein Kind verloren hat, eine Scheidung hinter sich hat, der umgezogen ist oder irgendeinen anderen Verlust erlitten hat, kann unseren Schmerz und unsere Emotionen verstehen, denn sie entspringen aus der exklusiven und einzigartigen Beziehung, die wir zu dem anderen Menschen hatten, der heute nicht mehr bei uns ist.

Andere Leute können versuchen, teilweise nachzuvollziehen, was wir durchmachen, aber niemand kann das Gleiche empfinden wie wir, da unser Schmerz einmalig ist und nur wir ihn erleben. Wir sollten unseren Schmerz nicht verbergen. Wir sollten uns nicht dafür rechtfertigen und unser Leid nicht erklären, sondern ihm einfach Gehör schenken und uns dann von ihm lösen. Der Schmerz sollte lediglich hinausgelassen werden, sonst nichts. *Das Leid sollte Gehör finden. Es sollte verarbeitet werden.*

Wenn wir einen Verlust erleben, leiden wir unter Schmerzen, es ist eine sehr leidvolle Erfahrung. Mehr gibt es dazu nicht zu sagen.

Da wir uns angesichts des Leids machtlos fühlen, versuchen wir etwas zu sagen, wir möchten uns äußern, die Dinge deuten, den Schmerz rational erklären. Dabei vergessen wir, dass das Leid angesichts eines Verlusts oder eines anderen traumatischen Erlebnisses normal ist.

Der Schmerz ist nicht das Problem. *Problematisch sind die unverarbeiteten Emotionen.* Dazu kommt es, wenn etwas in einer Beziehung ungeklärt war, wenn Gefühle nicht gezeigt oder Dinge nicht gesagt wurden, das heißt, wenn wir unsere Emotionen nicht zugelassen haben und der Meinung sind, dass wir viele Dinge noch hätten tun oder sagen müssen.

Egal, warum wir unsere Gefühle nicht geäußert haben – ob aus Scham oder Wut, weil der andere gestorben ist, weil wir es nicht konnten oder wollten –, sie bleiben alle fest in uns verhaftet und können sich in eine offene Wunde verwandeln, wenn wir sie nicht heilen.

Aber wir können stets etwas tun. Wir können einem wichtigen Menschen in unserem Leben all die Worte sagen oder in einem Brief schreiben, die wir nie ausgesprochen haben. Wir sollten nichts in unserem Inneren zurückhalten. Wenn wir diese Worte losgeworden sind, haben wir das Gefühl, uns einer großen Last entledigt zu haben. Wir sollten anderen und – falls nötig – auch uns selbst verzeihen und dann wieder beginnen zu träumen und uns auf die Zukunft auszurichten. Sperren Sie weder Ihre Gefühle noch Ihre Worte ein, sondern setzen Sie sie frei. Unterdrücken Sie Ihr Leid nicht, denn dieser Schmerz muss hinausgelassen werden.

Konzentrieren Sie sich darauf, was Sie von nun an im Rahmen Ihrer Möglichkeiten erreichen können. Fokussieren Sie sich nicht auf Schmerz, Frust und Schuldgefühle.

Wenn wir durchhalten, anstatt aufzugeben, bleiben wir in Bewegung und erholen uns. Wenn wir uns bewegen, können wir in einem bestimmten Moment nach vorne gehen und über die scheinbar nie enden wollende Traurigkeit hinwegkommen.

Wenn Sie sich für Ihr Leben entscheiden und dafür, das Leid hinter sich zu lassen, werden Sie Ihre Energie und Kraft wiedererlangen. Und Sie werden nicht nur all Ihren Schmerz überwinden, indem Sie ihn verarbeiten, sondern reifer und mit einem großen Potenzial aus dieser Erfahrung hervorgehen. Auf diese Weise können Sie anderen Menschen begegnen und Dinge erreichen, die Sie sich früher nie vorstellen konnten.

*Die folgende Geschichte über eine Frau namens Helen ist wahr. Helen hatte einen Traum: Sie wollte Jura studieren. Doch als ihr*

Vater starb, musste sie ihre Pläne zurückstellen, und sie suchte sich eine Arbeit in einem Elektrizitätsunternehmen.

Dort verliebte sie sich in einen jungen Mann namens Franklin Rice. Nach einer Weile heirateten die beiden, aber kurz nach der Hochzeit nahm der junge Mann sich aufgrund des Börsencrashs von 1929 das Leben.

Helen arbeitete weiter, trotz der Trauer um ihren Mann und ihres beruflichen Frusts. Doch damit nicht genug. Sie litt zudem unter einer äußerst schmerzhaften degenerativen Krankheit. Trotz alledem verfasste sie Grußkarten für einen neuen Arbeitgeber und schrieb manchmal auch eigene Texte.

Eines Tages änderte sich ihr Leben schlagartig, als jemand eine ihrer Karten entdeckte. Ihre Texte wurden veröffentlicht und viele Menschen rezitierten ihre Gedichte. Seitdem wurden über sieben Millionen Bücher von ihr verkauft. Ein Gedicht, das sie kurz vor ihrem Tod schrieb, ist sehr charakteristisch für sie. Die letzte Strophe lautet:

> Ruhe dich nun also aus, entspanne dich und stärke dich,
> Lass los und übergib Gott einen Teil deiner Last,
> Dein Werk ist weder vollendet noch abgeschlossen,
> Da du lediglich eine »Kurve auf dem Weg« erreicht hast.

Ihre Entscheidung verändert alles. Viele Menschen behaupten zwar, die Zeit verändere die Dinge und Situationen, aber in Wirklichkeit können nur Sie selbst eine Veränderung herbeiführen. Es liegt einzig und allein an Ihnen.

## 6. Fragen angesichts des Unbekannten

Im Leben gibt es zwei grundlegende Ängste, die von den meisten Menschen geteilt werden. Sie drehen sich um die Fragen: Wie werden wir sterben, und was geschieht nach dem

Tod? Die Furcht ist ein Teil unseres Wesens. Seit der Genesis hat der Mensch Angst vor dem Unbekannten. Selbst diejenigen, denen der Exodus gelang, empfanden in irgendeinem Moment Furcht. Aber sie ließen sich von dieser Emotion nicht blockieren oder lähmen.

*Wovor ich mich am meisten fürchte, ist die Furcht.*

Michel de Montaigne

Bei allen Völkern begegnen wir der Vorstellung eines künftigen Lebens, von den Aborigenes in Australien mit ihrer Theorie einer fortwährenden Reinkarnation über die Eskimos, die glauben, dass die Seelen sich in die Unterwelt begeben, bis hin zum Buddhismus und Islam. Die Vorstellung der Ewigkeit ist im menschlichen Geist verankert. Sie hat dazu geführt, dass der Mensch zu jeder Zeit auf tausend verschiedene Arten und Weisen an ein ewiges Leben, ein Jenseits geglaubt hat.

Einige Denker des 19. und 20. Jahrhunderts hielten die Vorstellung von der Ewigkeit für eine Wunschprojektion (Feuerbach) oder für eine vergebliche Hoffnung für die Unterdrückten (Marx) oder aber für eine Regression des psychisch Unreifen (Freud).

Abgesehen von unseren Glaubensüberzeugungen und Überlegungen sollten wir dem Tod so begegnen wie dem Leben. Die Frage lautet daher nicht: »*Wann werde ich sterben?*«, sondern: »*Wie muss ich leben, bis ich sterbe?*« und »*Wie gestalte ich mein Leben heute?*«.

Dem Rabbi Harold Kushner zufolge verhält es sich mit dem Leben wie mit einem Glas Instantkaffee. Solange das Glas gut gefüllt ist, verteilt man das Pulver großzügig; aber wenn nur noch etwas weniger als die Hälfte im Glas übrig ist, wird man sparsamer. So ist es auch mit dem Leben. Die Hälfte ist vorbei und bei manchen etwas mehr. Wenn man jung ist, lebt man ein verrücktes Leben und verschenkt seine Zeit. Aber mit fortschreitender Zeit – wenn das Glas sich leert – hat man nicht mehr so viel herzugeben.

Sie sollten lernen, sich Ihre Tage gut einzuteilen und sie in Frieden zu verbringen.

Schließen Sie mit Ihren Verlusten ab und denken Sie, sobald Ihnen das gelungen ist, an die Gegenwart und Ihre Zukunft. Erweitern Sie Ihren Traum. Dieser Traum sollte der Grund sein, warum Sie aufstehen, warum Sie vorwärtsgehen, warum Sie reden. Er sollte zudem so groß sein, dass Sie davon überzeugt sind, dass das Beste, quasi die Krönung, Ihnen noch bevorsteht.

### 7. Andere Menschen in einer Phase der Trauer begleiten

Ein junger Mann erzählte mir einmal folgende Geschichte: Während eines Festes erinnerte er sich an einen Angehörigen, den er verloren hatte. Daraufhin fühlte er sich sehr schlecht. Ein Freund, der bei ihm war, sagte mit der besten Absicht zu ihm: »Nimm's nicht so schwer. Denk an etwas anderes, lenk dich ab.« Der junge Mann fing an zu weinen und konnte gar nicht mehr aufhören. Da setzte sich ein anderer Freund zu ihm und fragte ihn, was passiert sei, und der junge Mann sagte es ihm.

In dieser Situation hörte sein Freund ihm zu. Er war an seiner Seite, während er weinte und erzählte. Der Freund tat nichts weiter, als den jungen Mann zu umarmen. Und dieser sagte schließlich zu ihm: »Danke, genau das habe ich gebraucht.« Dann kehrte er zum Fest zurück, denn er war wieder in der Lage, den Moment genießen.

Angesichts des Leids ist es, wie gesagt, nicht nötig, irgendetwas zu erklären. Man sollte den anderen lediglich begleiten und trösten. Niemand kann nachempfinden, wie es dem Betroffenen geht. Manchmal fühlen wir uns ohnmächtig, wenn wir zum Beispiel einen geliebten Menschen leiden sehen, und sagen deshalb vielleicht Dinge wie: »Ist schon gut, bald ist es vorbei, weine nicht mehr.« Denn auch uns selbst setzt der Schmerz zu, und wir möchten den anderen nicht so leiden sehen.

**Wenn wir einem Trauernden helfen wollen, sollten wir nicht auf ihn einreden, sondern ihn trösten. Trost zu spenden bedeutet, dem anderen zuzuhören, ohne zu urteilen, für ihn da zu sein, an seiner Seite zu sein, ohne etwas zu tun.**

Als Freunde sollten wir den Betroffenen dazu auffordern, seinen Schmerz zu äußern, uns zu erzählen, was los ist, sich zu erinnern, seinen Gefühlen freien Lauf zu lassen und sie zu zeigen, denn persönlich zu wachsen bedeutet, sich von der Vergangenheit zu lösen.

Es ist wichtig zu lernen, um Hilfe zu bitten. Als Freunde sollten wir den Trauernden fragen, was ihm guttut und was nicht. Manche Menschen möchten dann gerne angerufen werden, andere dagegen wollen lieber ihre Ruhe haben. Wir sollten ihren Schmerz respektieren. Wenn wir wissen, auf welche Weise wir für sie da sein können, spüren sie, dass sie nicht alleine sind, dass wir ihnen zur Seite stehen und ihre Hand halten, wenn sie es möchten.

*Wunden heilen ...*

Judy Tatelbaum, die Autorin eines Buches über den Mut zur Trauer[11], schreibt: »Uns vollständig von einem Verlust zu erholen bedeutet, komplett damit abzuschließen und uns davon zu lösen. Uns vom Tod eines geliebten Menschen zu erholen heißt nicht, die Liebe oder die Erinnerungen an ihn auszulö-

---

11  Judy Tatelbaum: The Courage to Grieve. William Heinemann, London 1993.

schen, sondern seinen Tod zu akzeptieren, damit Schmerz und Leid abnehmen und wir wieder frei dafür sind, uns mit unserem Leben zu befassen.«

**Wie können wir uns von Verlusten erholen, seien es Scheidungen, zerbrochene Beziehungen oder Todesfälle?**

Wie bereits gesagt, sollte jeder Mensch seine Trauer zulassen. Das ist ein sehr persönlicher Prozess, und es gibt kein Modell, an dem man sich orientieren könnte. Es existieren lediglich ein paar Grundsätze, die anzeigen, dass der Verlust überwunden wurde.

— LASSEN SIE DEN SCHMERZ FREI. Sie sollten nicht den ganzen Tag an den Schmerz gefesselt sein. Lernen Sie, die negativen und traurigen Bilder aus dem Album Ihres Geistes zu entfernen. Befreien Sie sich von der Bürde. Sie ist belastend. Schieben Sie sie beiseite und setzen Sie Ihren Weg in Freiheit und Frieden fort.

— GEBEN SIE ES ZU. Mit einem Eingeständnis entschuldigen Sie sich für das, was Sie getan oder unterlassen haben. Wenn Sie sich weiterhin rechtfertigen, werden Sie während des Heilungsprozesses Ihrer Emotionen auf ein Hindernis stoßen. Die Beichte hat eine große Kraft, wenn wir zum Beispiel Dinge sagen wie: »Ich habe einen Fehler gemacht«, »Ich habe etwas Falsches gesagt«, »Ich habe dich leider nicht im Krankenhaus besucht«, »Ich habe mich diesbezüglich getäuscht«, »Ich habe mich nicht bei dir bedankt«, »Ich möchte mich entschuldigen« ... In der Bibel heißt es: »Bekennt einander eure Sünden ... damit ihr geheilt werdet.« Vielleicht sollten Sie um Verzeihung bitten, da Sie während des Scheidungsprozesses, bei der Auflösung der Verlobung oder angesichts eines Todesfalls impulsiv reagiert haben und heute denken: »Wie gerne hätte ich ihm/ihr das gesagt. Ich muss es loswerden, ich muss es jemandem erzählen.« Tun Sie es noch heute, zögern Sie nicht und befreien Sie sich von den Schuldgefühlen, die Sie belasten.

– VERZEIHEN SIE. Dies ist ein wirksamer Akt der Befreiung, bei dem der Vergebende die Freiheit erlangt. Viele Menschen möchten anderen nicht verzeihen, weil sie glauben, es bedeute, dem anderen recht zu geben. Doch zu verzeihen ist eine persönliche Entscheidung, unabhängig davon, wer Schuld hatte.

Verzeihen bedeutet nicht, den anderen zu rechtfertigen. Es hat nichts damit zu tun, was der andere getan hat, sondern es bezieht sich nur auf die Reaktion des Verzeihenden.

*In der Trauer müssen wir uns endgültig von unserer Abhängigkeit von der Person lösen, die von uns gegangen ist, aber wir können uns die Liebe zu diesem Menschen bewahren.*

Christine Longaker, Mitbegründerin des Santa Cruz County Hospizes

Verzeihen heißt auch nicht, etwas zu vergessen. Sie werden sich stets an diese schwierige Situation erinnern. Die Frage ist, wie Sie sich fühlen, wenn Ihnen diese Erinnerung in den Sinn kommt. Wenn Sie dem anderen verziehen haben, werden Sie eine innere Ruhe verspüren.

Verzeihen bedeutet nicht, den Schmerz zu mindern, sondern ihn zu heilen. Dazu kommt es trotz des Leids, das Ihnen zugefügt wurde. Verzeihen bedeutet, Ihr Leben von dem anderen Menschen zu befreien. Wenn Sie ihm verzeihen, geben Sie einen Gefangenen frei und erkennen dann, dass Sie selbst der Gefangene waren.

Durch das Verzeihen schließen Sie mit der Vergangenheit ab und können frei auf Ihre Zukunft zugehen. Das Verzeihen ist ein Akt, der es Ihnen erlaubt, einen Abschnitt zu beenden. Vielleicht haben Sie eine Scheidung, eine Trennung oder einen Streit hinter sich und hegen daher einen gewissen Groll gegen jemanden. Es fällt Ihnen schwer, dem anderen zu verzeihen, weil die Wut Ihnen Kraft verleiht. Wenn wir wütend sind, fühlen wir uns stark, aber die Wut blockiert auch ein Gefühl der Nähe. Zu verzeihen bedeutet, unseren Ärger loszulassen, denn das *Verzeihen ist ein Akt der Größe.* Nur die Fürsten verzeihen. Vielleicht haben wir Eltern, Kindern, Freunden etwas zu verzeihen … Wir sollten lernen, anderen zu vergeben, da es im Leben immer Menschen geben wird, die uns verletzen. Dabei sollten wir bedenken, dass auch wir häufig andere kränken oder brüskieren, wenngleich wir uns dessen nicht immer bewusst sind.

*Du kannst den Wind nicht ändern, aber die Segel anders setzen.*

Chinesisches Sprichwort

–  SPRECHEN SIE WICHTIGE EMOTIONALE BOTSCHAFTEN AUS. Es ist an der Zeit, zumindest für manche von uns, etwas zum Ausdruck zu bringen, das sie sagen wollten, aber nie gesagt haben; eine emotionale Aussage zu machen. Vielleicht denken Sie: »Ich wollte meinem Vater immer gerne sagen, dass ich ihn geliebt habe, aber ich habe es nie getan«, »Ich habe meiner Mutter nie gesagt, wie stolz ich auf sie war, und nun ist sie gestorben, und ich bereue es …«. Holen Sie es jetzt nach. Wenn Sie es tun, werden Sie bereit sein, Ihren Verlust zu verarbeiten. Und wenn Sie Ihre Verluste verarbeitet haben, sind Sie bereit, in Freiheit zu leben.

Wenn Sie den Tiefpunkt erreicht und den Schmerz zugelassen haben, sollten Sie sich bewusst machen, dass Sie nicht noch tiefer fallen können. An diesem tiefsten Punkt werden Sie Halt finden und wieder aufstehen können. *Wir sollten ein sinnvolles Leben führen.*

1. DAS LEBEN BEKOMMT EINEN SINN, WENN WIR UNS ANDEREN WIDMEN.

   Wenn wir anderen etwas schenken, etwas abgeben und mit ihnen teilen, bekommt unsere Existenz einen Sinn. Auf diese Weise gehen wir achtsam mit dem Leben um, lieben und respektieren es. Dreht das Leben sich nur um uns selbst, wird es leer und egoistisch.

2. DAS LEBEN BEKOMMT EINEN SINN, WENN WIR ES SO INTENSIV WIE MÖGLICH LEBEN.

   Häufig verbringen wir das Leben mit sinnlosen Dingen. Wir bleiben lange in der Vergangenheit hängen, bei Fehlern, die wir begangen, und bei Verlusten, die wir erlitten haben. Oder wir betrachten die Zukunft und belasten uns mit Sorgen und Ängsten darüber, was kommen wird, anstatt in der Gegenwart zu leben, die voller Möglichkeiten ist. Anstatt das Hier und Jetzt zu genießen, jeden Moment zu nutzen, jede Minute, als wäre es die letzte.

3. DAS LEBEN BEKOMMT EINEN SINN, WENN WIR ES AUSSCHÖPFEN.

   Viele Menschen gehen besorgt und deprimiert auf ihren Lebensabend und den Tod zu, wenn sie erkennen, dass ihr Leben an ihnen vorbeigezogen, aber leer geblieben ist und sie es mit unbedeutenden Erfahrungen gefüllt haben, ohne Ergebnis, ohne verwirklichte Träume. Andere erreichen das Alter und den Tod dagegen mit einer Reihe von bedeutsamen Erfahrungen und können auf ein Leben voller Höhepunkte zurückblicken.

**Solange wir am Leben sind, sollten wir jeden Tag so intensiv leben, als wäre es unser letzter.**

# 12 Toxisches Weinen

*Das Problem ist nicht, dass Verletzungen geschehen, sondern
dass wir sie nicht vergessen können oder wollen. Das ist die
Wunde, die immer noch schmerzt. Wir gehen durch das Leben
und häufen solche Verwundungen an.*

Elisabeth Kübler-Ross[12]

Wenn es uns ein Bedürfnis ist, unser Leid zum Ausdruck zu
bringen, tut es uns gut zu weinen. In einem geeigneten Moment kann es uns ein Gefühl der Erleichterung oder »emotionaler Entlastung« bescheren. Allerdings sollten wir unsere
Tränen kontrollieren können, damit das Weinen sich nicht zu
einem toxischen Zustand entwickelt, in dem wir ständig verletzbar und damit in einer Opferrolle sind.

Wenn wir zu häufig weinen, verlieren wir allmählich die
Fähigkeit, Situationen zu klären, und versinken in Selbstmitleid. Die Frage lautet daher: Wie gelingt es uns, nicht ständig
zu weinen?

## 1. Welche Bedeutung hat das Weinen?

Das Weinen ist unser erstes Kommunikationsmittel, worüber
wir verfügen. Wir kommen weinend zur Welt. Was macht ein

---

12    Elisabeth Kübler-Ross, David Kessler: Geborgen im Leben. Wege zu einem
erfüllten Dasein. Aus d. Amerikanischen v. Susanne Schaup. Kreuz Verlag,
Stuttgart, Zürich 2001, S. 221.

Baby, um Schmerzen, Hunger, Müdigkeit, Erschöpfung oder Unwohlsein zum Ausdruck zu bringen? Es weint. Wenn das Kind, das wächst und älter wird, es nicht rechtzeitig sein lässt, setzt es das Weinen später als Mittel ein, um andere zu manipulieren. Und anstatt das Weinen zu unterbinden oder es durch ein angemesseneres, zielführendes Verhalten zu ersetzen, weinen manche Menschen im Erwachsenenalter weiter, da es ein automatisches, erlerntes Verhalten ist. Das Wichtigste, was wir in diesem Zusammenhang erkennen sollten, ist Folgendes: Das Weinen ist ein freiwilliger Akt. Das bedeutet, dass wir es tun wollen und es nach Belieben auch sein lassen können.

## 2. Das Weinen wird erlernt – Wir verinnerlichen es durch kulturelles Lernen

Viele hochsensible Menschen wurden zu Hause darauf vorbereitet, ein »leidvolles Leben« zu führen. Etwa durch bestimmte Bemerkungen ihrer Eltern: »Das Leben ist schwierig, das Leben ist hart, versuche etwas zu erreichen, aber denke daran, dass du Probleme und Schwierigkeiten haben wirst; ich rate dir, dich auf das Leid vorzubereiten.«

Solche Botschaften machen es ihnen unmöglich, glücklich zu sein; es ist, als würde das Glück nicht zu ihrem Leben passen, da sie kulturell auf das Leid eingeschworen wurden.

Es gibt viele Menschen in unserer Gesellschaft, die sich in ihrem Leben gefangen fühlen und nicht ausbrechen können. Sie sind wie gelähmt und hängen in einer Situation fest, der sie nicht entkommen können. Sie reagieren stets mit den gleichen erlernten Gewohnheiten und Verhaltensmustern auf schwierige Situationen. Eine dieser erlernten Reaktionen ist das Weinen.

### 3. Die Ursache für das Weinen ist ein »Gedanke«, gefolgt von einer »Emotion«

Wir sollten erkennen, dass jede Emotion die Folge eines vorausgehenden Gedankens ist. Unsere Gedanken bringen uns daher zum Lachen oder Weinen: Ist der Gedanke negativ, entspricht er dem Weinen, und wenn er schön und angenehm ist, empfinden wir daraufhin Freude.

Nicht die Ereignisse selbst haben in unserem Leben eine wichtige Bedeutung, sondern die Art und Weise, wie wir darüber denken.

»... Aber was ist, wenn jemand aus meinem Umfeld stirbt?« Ihre Reaktion wird etwas damit zu tun haben, wie Sie über den Tod denken.

»... Und wenn ich meinen Arbeitsplatz verliere?« Ihre Reaktion hängt davon ab, wie Sie über den Verlust Ihrer Arbeitsstelle denken. Zum Beispiel davon, ob Sie sich für einen Menschen halten, der in der Lage ist, eine neue Arbeit zu finden.

Hier kommen die Aspekte ins Spiel, die etwas mit unserem Selbstbild zu tun haben. Wir alle betrachten uns auf eine bestimmte Weise. Unsere Ausstrahlung hängt davon ab, wie wir uns sehen oder fühlen: Wenn wir uns als unzulänglich erachten, werden wir auch in der Arbeit, in der Familie und anderswo so wirken. Unsere emotionalen Reaktionen verändern sich, wenn wir andere Gedanken entwickeln. So ist es etwas anderes, zu uns selbst zu sagen:

»Ich bin ein armer Mensch.«

»Ich bin ein Opfer der globalen Krise.«

»Ich werde mein Leben nie mehr auf die Reihe bekommen.«

... als zu denken:

»Jeder hat einmal klein angefangen.«

»Einen Fehler zu machen bedeutet noch lange nicht, dass man gescheitert ist.«

»Ich habe einen Fehler gemacht, aber ich kann ihn beheben.«

»Ich werde nicht aufgeben.«

Nicht die Ereignisse bestimmen darüber, wie wir uns fühlen, sondern die Gedanken, die wir angesichts der Ereignisse haben.

## 4. Ich möchte, aber ich kann nicht

Unsere Erinnerung versucht angesichts einer neuen Situation herauszufinden, ob wir so etwas schon einmal erlebt haben und wie wir dem begegnet sind: »Ist mir so etwas schon einmal widerfahren? Und wie habe ich mich damals verhalten?« Daher reagieren wir angesichts ähnlicher Situationen auf die gleiche Weise.

Wenn jemand im Alter von sieben Jahren von seinem Vater angeschrien wurde und deshalb zu weinen anfing, dann sucht er noch 20 oder 30 Jahre später, sobald er von jemandem angeschrien wird, nach einer ähnlichen Situation und wiederholt automatisch das gleiche Verhalten.

Manche Leute sagen: »Ich kann nicht aufhören zu weinen, die Tränen steigen in mir hoch, es passiert einfach, sie brechen aus mir hervor ...« Möglicherweise steigen die Tränen in Ihnen hoch und brechen aus Ihnen hervor, aber Sie haben die Kontrolle. Denn es ist ein freiwilliger Akt. Wenn Sie es wollen, dann weinen Sie. Wenn Sie es nicht wollen, weinen Sie eben nicht.

Wir müssen das Weinen nicht grundsätzlich unterdrücken. Es gibt Situationen, in denen wir es vermeiden, und andere, in denen wir ruhig weinen sollten. Wichtig ist zu lernen, nicht in jeder Lebenssituation auf die gleiche Weise zu reagieren. In bestimmten Situationen sollten wir ein anderes Verhalten an den Tag legen, und zwar eines, das uns weiterbringt.

### 5. Das Weinen sollte kein Mittel zum Zweck sein

Manche Menschen meinen, das Weinen würde sie beschützen. Sie denken zum Beispiel:»Wenn ich weine, werden die anderen aufhören zu streiten und mich nicht mehr anschreien.«

Solche Leute sind der Meinung, das Weinen sei für etwas nützlich. Sie sagen daher Dinge wie:»Wenn die anderen mich weinen sehen, werde ich mein Ziel erreichen.«

### 6. Negativen Dingen sollten wir die Bedeutung beimessen, die sie verdienen

Haben Sie schon einmal alles negativ gesehen? Nach dem Motto:»Ich glaube, ich sterbe ...«, »Jetzt, wo ich keine Arbeit mehr habe, werde ich mir nichts mehr leisten können ...«, »Diese Krankheit wird mich zum Invaliden machen.«

Mit einer pessimistischen Einstellung nehmen wir alles viel negativer wahr, als es in Wirklichkeit ist. Wenn wir eine schwierige Situation erleben und ein paar Wolken erblicken, glauben wir bereits, dass ein Sturm aufzieht, der Dauerregen und Überschwemmungen mit sich bringt ... Mit dieser Haltung sehen wir die Dinge von Mal zu Mal negativer. Wir denken zum Beispiel:»Ach, er weiß ja nicht, was ich durchgemacht habe. Es ist so schlimm, dass ich Mitleid verdient hätte.«

Wenn wir inmitten unseres Leids beginnen, an positive Dinge im Leben zu denken, wird das Leid gelindert und die Hoffnung wächst.

Die Aussagen, die wir täglich innerlich formulieren und ständig wiederholen, sind verantwortlich für unseren Gemütszustand. Dafür, ob wir weinen oder lachen. Wenn wir den ganzen Tag negativ über Dinge sprechen, werden wir im Leben häufig weinen. Aber wenn wir innerlich auf eine andere Weise mit uns selbst kommunizieren, werden wir das Leben genießen.

Noch besser wäre es allerdings, wenn es uns gelänge, zwischen dem *nutzlosen oder toxischen Weinen* und dem *nützlichen Weinen* zu unterscheiden.

Es gibt *je drei Arten* des nutzlosen und des nützlichen Weinens:

— TOXISCHES WEINEN 1: »KROKODILSTRÄNEN« ODER MANIPULIERENDES WEINEN.
Manche Menschen weinen, um die Menschen in ihrem Umfeld zu beeinflussen. So zum Beispiel manche Mütter, die unter Tränen sagen: »Ist schon gut. Mama ist hier im Haus überflüssig, Mama wird fortgehen ... und dort, wo sie hingeht, wird sie ihre Ruhe haben.«
Es gibt auch Leute, die gerne »rührselige« Geschichten erzählen und dabei weinen, um die Zuhörer zu manipulieren: »Ich erinnere mich, als wir *an jenem Ort* waren und nichts zu essen hatten ...« Sie wollen Mitleid erregen und erreichen, dass die Zuhörer sie bedauern, um letztlich einen Nutzen daraus zu ziehen.
Doch woher kommt diese Art zu weinen? Wir erlernen sie als Babys. Ein Baby weint und schreit, um etwas zu bekommen.
In den ersten zwei Jahren hören die Eltern ihre Kinder Hunderte Male schreien. Das Baby schreit, damit ihm die Windeln gewechselt werden, es schreit, um in den Arm genommen zu werden, es schreit, um etwas zu essen zu bekommen, und so weiter.
Interessanterweise schreien Babys immer in der gleichen Tonart, in C-Dur. Später kommen dann andere Variationen hinzu.
Das Baby stellt fest, dass das Umfeld auf sein Schreien reagiert. Und wenn es größer ist, erwartet es das Gleiche. Es

denkt: »Wenn ich weine, bekomme ich, was ich brauche.«
Dieses Weinen ist manipulativ.

Das Krokodil ist das einzige Tier, das Tränen weint. Allerdings weint es nicht aufgrund einer Emotion, sondern weil beim Verschlingen seiner Beute ein Druck auf die Tränendrüsen entsteht. Die Redewendung mit den Krokodilstränen bezieht sich daher auf jemanden, der anderen mit seinem Weinen schadet.

Manche Menschen, die als Kinder von ihren Eltern besonders umsorgt wurden, wenn sie krank waren, haben den Zustand des Krankseins mit Trost und Zärtlichkeit verknüpft. Wenn sie als Erwachsene nicht um Liebe bitten können, greifen Sie auf das Leid zurück und werden »krank«, um Mitleid zu bekommen und wieder in den Arm genommen zu werden. Wenn wir lernen, um Liebe zu bitten, und nicht auf ein manipulatives Verhalten zurückgreifen müssen, sind wir frei vom toxischen Weinen.

— TOXISCHES WEINEN 2: »GEWEIHTE TRÄNEN« ODER DIE GABE DER TRÄNEN.

Im Mittelalter glaubte man, Tränen seien ein Geschenk, das man von Gott erbitten müsse.

Viele Theologen dieser Epoche vertraten die Ansicht, man müsse beim Beten weinen und Gott um die »Gabe der Tränen« bitten. Die Religion dieser gesamten Epoche war eine »Theologie der Tränen«. Der heilige Franz von Assisi war im Alter halb blind, weil er übermäßig viel geweint hatte. Dem heiligen Benedikt zufolge wurde ein ernsthaftes Gebet von Tränen begleitet und man musste um die »Gabe der Tränen« bitten.

Diese Überzeugungen gibt es nach wie vor, und noch heute gehen Menschen in die Kirche, um zu weinen.

Manche Menschen gehen gerne in Filme, bei denen sie weinen müssen. Laut einer Studie aus den USA sah sich die Mehrheit der Leute den Film »Titanic« ein zweites Mal an. Sie wollten ihn noch einmal anschauen, um zu weinen.

Eine kulturell geprägte Vorstellung besagt: »Männer weinen nicht.« Diese Botschaft wird uns von klein auf vermittelt. Weint ein Junge in der Schule, wird er als »Weichei« bezeichnet. Das führt dazu, dass Männer das Weinen mit Schwäche assoziieren. Also weinen wir Männer nicht, denn wenn wir es tun, fühlen wir uns schwach.

Männer haben die Erlaubnis, emotional zu sein oder zu weinen, wenn sie zum Beispiel einen Actionfilm oder einen Film über eine Rettungsaktion sehen und sich mit den Helden identifizieren, oder auch aus Patriotismus. In diesem Fall ist es ihnen genehmigt.

Aufgrund unserer Kultur weinen Frauen mehr als Männer. Im Durchschnitt weinen Frauen 30 Mal im Jahr, Männer dagegen nur 6 Mal. Ein junger Mann weint durchschnittlich vier Minuten lang. Männer ab 60 produzieren weniger Tränen, daher weinen sie auch weniger.

Unsere Kultur vermittelt uns, wann wir weinen sollten, aber Tränen, die wir aufgrund des kulturell geprägten Weinens vergießen, nützen uns gar nichts.

### Nun aber zu den drei nützlichen oder positiven Formen des Weinens:

— AUS KUMMER WEINEN.

Wir weinen, wenn wir trauern. Haben wir jemanden verloren, müssen wir weinen. Unter diesen Umständen sollten wir unseren Schmerz unbedingt zum Ausdruck bringen. Auch wenn manche Menschen Dinge zu uns sagen wie: »Weine nicht, Gott hat ihn zu sich geholt. Er ist nun beim Herrn.« Wir weinen schließlich nicht, weil der geliebte Mensch dort ist, sondern weil er nicht mehr bei uns ist. In der Trauer weinen wir um jemanden, vom dem wir wissen, dass wir ihn nicht zurückbekommen werden. In einer solchen Situation kommt es zu Gefühlen wie Wut oder Traurigkeit. Vielleicht fragen wir uns auch: »Warum ist ausgerechnet mir das widerfahren?«

Ein ganzes Buch in der Bibel trägt den Titel ›Klagelieder‹. Es handelt ausschließlich von der Trauer über die Zerstörung Jerusalems.

Dies ist eine positive und heilsame Form des Weinens: Wir sollten all den Schmerz hinauslassen, bis wir ihn verarbeitet haben.

Wir sollten zum Weinen einen heilsamen Ort aufsuchen, an dem wir uns ausweinen können, an dem uns niemand komisch ansieht oder uns Fragen stellt. Wir sollten unsere Tränen des Kummers zulassen und darüber hinaus die Dinge zum Ausdruck bringen, die wir dem Verschiedenen nie gesagt haben, Worte, die wir für uns behalten haben; all das sollten wir hinauslassen.

Trauer und Leid rauben uns nie das Leben: Wir alle haben die Möglichkeit, uns von unserem Schmerz zu erholen. Es tut gut, die Tränen zuzulassen und dem Menschen, der nicht mehr da ist, wie in einem Rollenspiel Dinge zu sagen, die wir in unserem Inneren bewahrt haben. Das hilft uns dabei, uns wieder zu erholen.

Jesus weinte, als er seinen Freund Lazarus sterben sah. Dann trocknete er seine Tränen und sagte: »Lazarus, komm heraus!« Und der Bibel zufolge wurde dieser wieder zum Leben erweckt und kam aus der Höhle. Die Geschichte zeigt, dass wir nach überstandenem Leid außergewöhnliche Worte des Glaubens äußern werden, Worte wie noch nie zuvor in unserem Leben. Denn der Schmerz raubt uns weder unseren Glauben noch sonst irgendetwas. Sobald wir unser Leid verarbeitet haben, werden wir all die Fähigkeiten zurückerlangen, die wir verloren hatten.

— WEINEN AUFGRUND EINSCHNEIDENDER VERÄNDERUNGEN. Zu dieser Form des Weinens kommt es, wenn wir eine bedeutende Veränderung durchmachen. Wenn ein Kind zur Welt kommt, wenn wir heiraten, umziehen oder eine neue Arbeit annehmen, wenn wir einen Partner finden oder uns scheiden lassen ... Es handelt sich um eine Form des Weinens, die wie eine Katharsis funktioniert. Es sind erlaubte und gute Tränen, die uns helfen, die Veränderung zu verarbeiten.

— WEINEN AUFGRUND EINER OFFENBARUNG ODER ERKENNTNIS.
Eine bestimmte Form des Weinens wird ausgelöst, wenn wir eine Wahrheit erkennen, die uns bisher nicht bewusst war.
Dazu kommt es häufig, wenn uns »ein Licht aufgeht« und uns diese Erkenntnis plötzlich so stark trifft, dass wir in Tränen ausbrechen und uns fragen: »Was ist denn nur los mit mir?« Es ist, als wären wir aufgewacht und befänden uns nun in einer neuen Situation, da wir uns über etwas klar geworden sind.
Die Vorstellung einer liebevollen Geste oder die Tatsache, dass wir etwas Erhellendes über uns selbst oder einen anderen Menschen erkennen, kann von Tränen begleitet sein.

**Probleme, Krisen, Schwierigkeiten, Veränderungen:
All das sind Dinge, die uns etwas lehren.**

1. ANGESICHTS MEINER PROBLEME LERNE ICH, PRIORITÄTEN
ZU SETZEN.

Wenn ein geliebter Mensch stirbt, wenn eine Krankheit auftritt, wenn wir unsere Arbeit verlieren … unter solchen Umständen lassen wir von bedeutungslosen Dingen ab.

Denn wenn wir eine schwierige Situation durchmachen, wenn wir einen Freund verlieren oder eine Ungerechtigkeit erleben, vergessen wir all die unbedeutenden Kleinigkeiten und beginnen, Prioritäten zu setzen.

Manche Menschen konzentrieren sich auf Kleinigkeiten: »Weißt du, was ich gemacht habe? Ich bin an ihm vorbeigegangen und habe ihn nicht gegrüßt, um ihn zu verletzen.«

Wir sollten jedoch lernen, uns mit Menschen zu vertragen, mit denen wir zu tun haben, und nach vorne blicken, anstatt an einem schlechten Moment festzuhalten.

2. ANGESICHTS MEINER PROBLEME MACHE ICH DIE
GRÖSSTEN FORTSCHRITTE.

Das größte persönliche Wachstum erreichen wir, wenn wir Belastungen ausgesetzt sind. Konzentrieren wir uns auf negative Dinge, führt das zu weiterer Negativität. Blicken wir aber über das Negative hinaus, befreien wir uns aus der Situation, in der wir festhängen.

Zunächst sollten wir unsere Zukunft im Geiste visualisieren. Auf diese Weise machen wir den ersten Schritt, damit es uns besser geht.

Wenn wir uns entschlossen auf unsere Zukunft ausrichten, können wir aufblicken und nach vorne gehen. Wir sollten uns dazu entschließen, das Licht wahrzunehmen, das durch das Fenster scheint, anstatt weiterhin ins Dunkle zu schauen. Je nachdem in welche Richtung wir blicken, werden wir auch unsere Schritte setzen.

3. INMITTEN DER KRISE KOMMT MEINE WEISHEIT VOLL ZUM TRAGEN.

Das Ziel ist nicht, zu rennen, sondern anzukommen. Es geht darum, den ersten Schritt zu tun, unsere negative Haltung zu verändern, uns auf ein absehbares, erreichbares Ziel auszurichten, das uns zu weiteren Zielen führen wird. Auf diese Weise können wir nach und nach große Dinge erreichen.

Seien Sie klug und kreativ, wagen Sie es, sich mit Ihrer Lage auseinanderzusetzen. Nur wenn Sie sich Ihrer Situation mit einem klaren Ziel vor Augen stellen, sind Sie in der Lage, etwas zu verändern.

# 13 Toxische Schuldgefühle

*Wir ringen mit Angst- und Schuldgefühlen. Wir streben nach*
*Sinn, Liebe und Macht.*

Elisabeth Kübler-Ross[13]

Wir Menschen nehmen die Welt auf der Basis unserer Emotionen wahr und handeln dementsprechend. Befinden wir uns innerlich nicht im Lot, ist auch die äußere Welt für uns nicht in Ordnung. Unsere Gefühle wirken sich daher nicht immer positiv aus, sondern greifen unser Glück paradoxerweise oft an. Das ist zum Beispiel bei falschen oder toxischen Schuldgefühlen der Fall. Sie haben eine fatale Wirkung: Sie blockieren unsere Fähigkeit, das Leben zu genießen.

Wir alle stehen vor der gleichen Herausforderung. Wir müssen lernen zu erkennen, wie unsere Innenwelt funktioniert, damit wir sie positiv beeinflussen können. Daher befassen wir uns in diesem Kapitel mit Schuldgefühlen. Wir untersuchen, woher sie kommen und wie wir uns von Belastungen befreien können, die nicht mit uns im Einklang stehen.

Wer ist eigentlich von toxischen Schuldgefühlen betroffen? Zum Beispiel Menschen, die ständig glauben, anderen etwas schuldig zu sein, die sich selbst bestrafen oder freiwillig auf halbem Weg zum Ziel stehen bleiben (und es somit nicht er-

13   Elisabeth Kübler-Ross, David Kessler: Geborgen im Leben. Wege zu einem erfüllten Dasein. Aus d. Amerikanischen v. Susanne Schaup. Kreuz Verlag, Stuttgart, Zürich 2001, S. 17.

reichen), da sie meinen, sie hätten den Erfolg nicht verdient. Falls Ihnen diese Beispiele bekannt vorkommen, könnte dieses Kapitel sehr nützlich für Sie sein.

Wenn Sie sich von toxischen Schuldgefühlen befreien möchten, sollten Sie einige Schritte unternehmen, mit deren Hilfe Sie die richtige Richtung einschlagen können: Es ist der Weg zur emotionalen Gesundheit und zur Verwirklichung Ihrer Träume. Nur zu!

## 1. Wahre Schuld oder toxische Schuldgefühle?

Es ist unumgänglich, zwischen wahrer Schuld und toxischen Schuldgefühlen zu unterscheiden.

– *Wahre Schuld entsteht, wenn wir bewusst ein Gesetz missachten,* egal, ob es sich um moralisches, universelles oder göttliches Recht handelt. Anthropologische Studien haben gezeigt, dass es jenseits ethischer, moralischer und spiritueller Leitlinien bestimmte universelle Gesetze gibt. Es handelt sich um Gesetze, die irgendwie im Geist des Menschen verankert sind. Wir kennen sie automatisch und sind uns unserer Schuld bewusst, wenn wir sie übertreten. Dieses Schuldgefühl ist insofern positiv, als es uns zeigt, wann wir tatsächlich etwas falsch gemacht haben. Es gibt uns die Gelegenheit, uns darüber klar zu werden und unseren Kurs zu korrigieren.

– *Bei toxischen Schuldgefühlen* hingegen *ist das Gefühl der Schuld,* das einen Menschen plagt, nicht auf universelle Gesetze, sondern *auf emotionale Ursachen zurückzuführen.* Wie wir später sehen werden, bedienen sich Menschen, die andere manipulieren wollen, häufig dieser Form von Schuldgefühlen.

*Sollte ich oder sollte ich nicht, das ist hier die Frage.*

Wir können uns unser Gewissen wie eine Waage vorstellen, die sich – abhängig von unserem Verhalten – zur einen oder anderen Seite neigt. Auf diese Weise zeigt es uns, was den Gesetzen zufolge, die in unserem Geist verankert sind, richtig und was falsch ist. Mithilfe von Schuldgefühlen signalisiert uns unser Gewissen, dass wir etwas unterlassen, »was wir tun sollten«.

Wer in toxischen Schuldgefühlen versinkt, meint zu wissen, wozu er verpflichtet ist, was er eigentlich tun »sollte«, und hält bestimmte falsche Überzeugungen daher für universelle Gesetze:

- »Ich sollte tun, was mir diese Person sagt.«
- »Ich sollte allen Menschen in meinem persönlichen Umfeld helfen.«
- »Ich sollte mir die Probleme meiner ganzen Familie sowie all meiner Freunde und der gesamten Welt anhören.«
- »Ich sollte andere glücklich machen, bevor ich mich um mein eigenes Glück kümmere.«
- »Ich müsste stets glücklich sein, anstatt mich zu ärgern.«
- »Ich sollte mich auf meinen Partner konzentrieren.«

Wie wir bereits gesehen haben, sind all diese Aussagen falsch. Andere Menschen sind allerdings genauso wenig zu etwas verpflichtet. Wenn wir selbst frei von unseren »Verpflichtungen« sind, können wir auch die Freiheit respektieren, die andere verdient haben.

Wir sollten anderen nicht in die Falle gehen, sondern das Gesetz der hundert Prozent anwenden, das besagt: Jeder Einzelne ist zu hundert Prozent für seine Gedanken, Entscheidungen und Taten verantwortlich.

Wenn jemand zu uns sagt: »Es ist deine Schuld. Du hast mir aufgetragen, das zu tun«, dann sollten wir antworten:

»Das ist nicht richtig, denn du bist verantwortlich für deine Entscheidungen. Gib mir nicht die Schuld daran.«

Wenn jemand zu uns sagt: »Ich ärgere mich über dich«, sollten wir entgegnen: »Das ist dein Problem. Der Ärger befindet sich in dir. Damit habe ich nichts zu tun.«

Wir sind nicht verantwortlich für die Entscheidungen anderer. Wir sollten den anderen auch nicht als Opfer sehen, wenn er zu uns sagt: »Du musst mir helfen, weil es mir so schlecht geht«, und uns dann fünf Stunden lang am Telefon festhält. Wir bleiben fünf Stunden am Telefon hängen, weil wir es zulassen. Wenn wir uns darüber beklagen, dass andere uns wie eine wertlose Person behandeln, liegt es daran, dass wir uns dafür entscheiden, es zu sein.

*Der ungeordnete Geist wird sich selbst zur Strafe.*

Augustinus

Manche Menschen sind wahre Experten darin, anderen Vorwürfe zu machen, aber jeder ist zu hundert Prozent für sein Leben verantwortlich. Denn wir alle können frei entscheiden. Wir sollten uns nicht aufgrund der Aussagen anderer schlecht fühlen.

## 2. Ursachen toxischer Schuldgefühle

Kennen Sie Menschen, die sich sogar wegen ihrer eigenen Atmung schuldig zu fühlen scheinen? Angesichts des Verhaltens solcher Leute fragen wir uns, woher solche Schuldgefühle wohl kommen, ohne zu wissen, dass ein Großteil davon bereits in einem sehr frühen Alter angelegt wurde.

Eine der häufigsten Ursachen ist der Umgang von Eltern mit ihrem Kind. Zum Beispiel, wenn diese angesichts eines Fehlers des Kindes zornig reagieren und es ausschimpfen. Wenn das Schuldgefühl in der Kernfamilie entsteht, kann es das ganze Leben bestehen bleiben, zumal wir die Realität in jungen Jahren viel weniger hinterfragt und sie als gegeben akzeptiert haben.

Vielen Kindern wird wegen Taten, mit denen sie nichts zu tun haben, ein Gefühl der Minderwertigkeit, Schuld und Unwürdigkeit vermittelt. Bedauerlicherweise wachsen sie mit solchen Emotionen auf. Als Erwachsene fühlen sie sich dann unfähig und unsicher und reagieren angesichts frustrierender Situationen unangemessen und mit Angst.

### Wann können toxische Schuldgefühle in einer Familie entstehen?

Aufgrund der genannten Aspekte und dem, was im Folgenden erörtert wird, sollten wir es natürlich vermeiden, in unserer Familie Schuldgefühle zu erzeugen. Daher ist es wichtig, Situationen ausfindig zu machen, in denen wir besonders umsichtig agieren sollten, um Fehler nicht zu wiederholen.

– FAMILIÄRE PROBLEME. Stammt man aus einer Familie, in der die Eltern sich trennten, in der ein Elternteil krank wurde oder Depressionen hat oder in der die Mitglieder unter einem traumatischen Ereignis leiden, kann es sein, dass man Schuldvorwürfe der Familienmitglieder spürt, wenn es einem selbst gelingt, aus diesem Kreis auszubrechen. Vor allem, wenn es einem im Leben gut geht, die Probleme in der Familie jedoch weiter bestehen.

– NEGATIVE EREIGNISSE UND PASSIVES VERHALTEN. Wenn ein Familienmitglied leidet, aber nichts dagegen unternimmt, fühlt man sich indirekt schuldig wegen der unausgesprochenen Forderung: »Du musst mir helfen.« Wir sollten wissen, dass eine Person, die weint und nichts tut, um ihre leidvolle Situation zu überwinden, den anderen Schuld aufbürdet.

– ANDERE LEIDEN MEHR. Ein kleines Mädchen hatte einen mit Helium gefüllten Luftballon, doch aus Versehen ließ es ihn los und er flog davon. Da rannte es zu seiner Mutter. Diese holte aus ihrem Schreibtisch ein Foto von zwei unterernährten Kindern heraus und sagte zu ihrer Tochter: »Diese beiden hier leiden wirklich. Du bist so undankbar.« Die Tochter war aufgrund dieser Botschaft für ihr Leben traumatisiert, denn sie besagte: »Du jammerst wegen eines Luftballons, dabei gibt es so viele Menschen, die Hunger leiden.« Viele Menschen wie das kleine Mädchen sagen in ihrem späteren Leben Dinge wie: »Ich muss dir mal eben eine Minute stehlen.« Oder sie fragen uns, ob sie uns fünf Minuten stören können. Ständig fühlen sie sich gegenüber anderen schlecht, als wären sie so überflüssig wie ein fünftes Rad am Wagen.

– ANDERS SEIN. Ein Familienmitglied, das sich vom Rest der Familie unterscheidet oder anders denkt, wird häufig wie ein Verräter betrachtet. »Stell dir vor ... hat ›diese Frau‹ geheiratet, die von der Familie nicht akzeptiert wird. Er bewegt sich in Kreisen, die nicht zu denen seiner Familie passen.«

## 3. Typische toxische Merkmale

Ein Mensch voller Schuldgefühle lässt sich durch die folgenden Merkmale charakterisieren:

– ER SUCHT DANACH, VERLETZT ZU WERDEN. Er geht Beziehungen ein, in denen er schlecht behandelt wird: zum

Beispiel von autoritären Chefs, die ihn nicht wertschätzen und ihn schikanieren. Eine Person voller Schuldgefühle braucht das Leid und sagt zum Beispiel Dinge wie: »Ständig passiert mir das Gleiche. Ich habe Beziehungen mit Männern, die mich misshandeln und manipulieren – sie sind wirklich die Schlimmsten.« Wer das Gefühl hat, wertlos zu sein, sucht häufig unbewusst nach Situationen, in denen er respektlos und ohne Wertschätzung behandelt wird.

*Die Schuld liegt nicht in dem Gefühl selbst, sondern in dessen Duldung.*

Bernhard von Clairvaux, französischer Mönch und Reformator

– ER VERLETZT SICH SELBST. Die Kritik ist ein Same, der ins Herz eindringt, dort wächst, sich verwandelt und zu einer inneren Stimme entwickelt, die an allem etwas auszusetzen hat. Ein Mensch voller Schuldgefühle bestraft sich selbst. Er braucht dafür keinen anderen, da er es selbst tut. »Wie konnte ich so etwas sagen? Das war sehr dumm von mir. Ich hätte schweigen sollen. Warum habe ich mich nur so verhalten? Ich hätte es doch so viel besser machen können.«

Selbstkritik ist das Ergebnis verinnerlichter Schuldgefühle, die zu einer inneren Stimme geworden sind, die ständig etwas missbilligt. Eine Klientin hat einmal Folgendes zu mir gesagt: »Ich bin vergewaltigt worden, weil ich mich aufreizend angezogen habe.« Ich erwiderte: »Nein, das eine hat mit dem anderen nichts zu tun.« Aber sie insistierte: »Wenn ich mich bedeckt hätte, hätte ich die Tat nicht provoziert.« Sie verurteilte sich selbst und gab sich die Schuld an dem, was ihr widerfahren war.

– ER VERLETZT ANDERE. Krisen sind Prozesse, und am wichtigsten ist, sich von allen Schuldgefühlen zu befreien, die aus der Familie herrühren. Wer in Schuldgefühlen versinkt, sucht ständig das Leid. Er erwartet, dass andere ihn verletzen, und er verletzt sich selbst und andere. Denn hinter übertriebenen Schuldgefühlen verbirgt sich letztlich die Überzeugung, man sei für alles verantwortlich und habe alles in der Hand. Diese Einstellung treibt die Betroffenen dazu, immer wieder über die Vergangenheit nachzugrübeln, um ihr Leben auf diese Weise in den Griff zu bekommen.

## 4. Schuldgefühle überwinden: einfache Strategien und Techniken

Es ist an der Zeit, jegliche Art von Schuldgefühl zu überwinden, damit wir all unsere Träume verwirklichen können. Wir wurden nicht geboren, um zu leiden, sondern um jeden neuen Tag zu genießen. Unsere Aufgabe besteht weder darin, andere zu verletzen noch uns selbst. Wir sollten vielmehr Mittel und Wege finden, um uns selbst zu helfen und unsere Träume umzusetzen. Darüber hinaus sollten wir versuchen, uns auf eine gesunde Weise an den Träumen anderer zu beteiligen. Wenn Sie bereit sind, können wir damit beginnen.

— WENN ICH EINEN FEHLER MACHE, ENTSCHULDIGE ICH MICH UND BLICKE DANN NACH VORNE, ANSTATT STEHEN ZU BLEIBEN.
Falls Sie einen Fehler gemacht haben, sollten Sie sich bei dem Menschen entschuldigen, dem Sie dadurch geschadet haben, und Ihren Weg dann weiterverfolgen. Bleiben Sie nicht stehen und bitten Sie den anderen nicht tausend Mal um Verzeihung. Entschuldigen Sie sich ein Mal mit ehrlichem Bedauern. Das genügt. Wenn wir einen Fehler begehen, sollten wir ihn rasch beheben, anstatt uns ständig Selbstvorwürfe zu machen. Sobald wir das getan haben,

sollten wir uns bemühen, den Fehler nicht zu wiederholen, und unsere Ziele weiterverfolgen.

— WENN ICH EINEN FEHLER MACHE, BEHEBE ICH DEN ENT-
STANDENEN SCHADEN.
Wir sollten den entstandenen Schaden so weit wie möglich wiedergutmachen. Wenn Sie jemanden durch eine Mitteilung manipuliert haben, sollten Sie ihm eine weitere Botschaft zukommen lassen und ihm sagen, wie wertvoll und wichtig er für Sie ist. Verwandeln Sie das Negative in etwas Positives. Das ist wahre Wiedergutmachung.

— WENN ICH EINEN FEHLER MACHE, BRINGE ICH MEINE
SCHULDGEFÜHLE VERBAL ZUM AUSDRUCK.
Ein sehr wohlhabender Unternehmer ging einmal zum Skifahren. Er fand großen Gefallen an diesem Sport und suchte kurz darauf seine bereits hochbetagten Eltern auf, weil er sich schuldig fühlte. Er sagte zu seinem Vater: »Ich fühle mich schuldig, weil mir das Skifahren so viel Spaß macht und ich ansonsten den ganzen Tag arbeite. Ich habe ein schlechtes Gewissen, weil ich euch nicht besuchen komme.« Sein Vater antwortete ihm: »Keine Sorge, mein Sohn, genieße es ruhig. Mach dir deshalb keine Gedanken. Wir telefonieren miteinander. Hab eine schöne Zeit, uns geht es gut.« Der Vater befreite seinen Sohn auf diese Weise von der Schuld. So wie dieser Vater sollten auch wir andere Menschen von jeder Schuld freisprechen. Wenn uns etwas auf der Seele liegt, sollten wir es deutlich zum Ausdruck bringen, denn die Schuld wirkt in der Zurückgezogenheit und im Schweigen. Wir wurden geboren, um überragend zu sein, um Glück und Wohlbefinden zu erleben, und nicht etwa Leid. Bereiten Sie sich darauf vor, herausragend zu sein!

## 5. Toxische Schuldgefühle durch das Recht ersetzen, das Leben zu genießen

- ICH WERDE ALLES GENIESSEN, WAS ICH BESITZE.
Wir sollten das kostbare Geschirr nicht für besondere Gäste aufheben, das Parfüm nicht nur zu bestimmten Anlässen auftragen und unsere beste Kleidung nicht nur zu einem wichtigen Anlass hervorholen. Wir sollten uns nicht davon abhalten, heute zu genießen, was wir haben. Genießen Sie. Heben Sie die Dinge nicht für später auf, denn wenn Sie dies alles heute nicht genießen, machen es andere nach Ihrem Tod. Alles, was wir besitzen, ist dafür da, um genutzt zu werden, einschließlich unserer Kraft und Energie.

**Wenn Sie sehen, dass jemand müde ist, beglückwünschen Sie ihn, denn es bedeutet, dass er seine Kräfte genutzt hat.**

Schuldgefühle vermitteln uns Folgendes: »Ich sollte es für eine besondere Gelegenheit aufbewahren.« Die Gabe des Genießens sagt uns hingegen: »Dies ist eine besondere Gelegenheit.« Machen Sie aus jeder Situation etwas Besonderes und heben Sie nichts für später auf. Ziehen Sie Ihre beste Kleidung auch zu Hause an, denn zum Tragen ist sie da.

Ähnliches gilt für unsere zwischenmenschlichen Beziehungen. Wir sollten weder unsere Worte noch unsere Gefühle zurückhalten und weder eine Umarmung noch den Impuls, jemanden anzurufen, zurückstellen. Auch ein Lächeln sollten wir nicht auf später verschieben.

- ES IST MIR EGAL, OB MICH JEMAND DAFÜR KRITISIERT, DASS ICH ETWAS GENIESSE.
»Sieh mal einer an, welche Kleidung er trägt, um in den Supermarkt zu fahren.« »Stell dir vor, sie hat sich den Tag freigenommen, nur um mit ihren Kindern spazieren zu ge-

hen.« »Schau nur, seine Hose wird beim Spielen ganz dreckig.« Das sind Kommentare von Leuten, die sich schuldig fühlen, wenn sie etwas genießen, und es daher auch anderen nicht gönnen. Lassen Sie sich von anderen kein schlechtes Gewissen machen, wenn Sie Dinge genießen, die Ihnen gehören, denn sie sind dafür da, dass Sie sie nutzen und auskosten, wann immer Sie wollen.

– DER GENUSS FÄLLT MIR NICHT ZU, ICH TRAGE DIESE GABE IN MIR.
Manche Menschen sind ständig auf der Suche nach etwas. »Wo ist der Mann, der mich glücklich macht?« »Die Sonne ist herausgekommen, wie schön!« »Es ist bewölkt, wie frustrierend!« Die Gabe, etwas zu genießen, befindet sich in unserem Inneren. Manche Menschen benötigen äußere Reize, um sich gut zu fühlen. Setzen Sie die Freude aus Ihrem Inneren frei, denn es ist nichts, worauf man im Außen stößt. Sie tragen die Freude in sich und sollten sie herauslassen. Kein Umfeld wird Sie dominieren, wenn Sie die Fähigkeit nutzen, Dinge zu genießen und sich darüber zu freuen, wo immer Sie sich auch befinden mögen. Ob Sie Freude empfinden, hängt nicht davon ab, ob Sie ein großes oder kleines Haus haben. Die Freude entsteht in Ihrem Inneren und passt sich dem Ort an, an dem Sie sich befinden.

– ICH BIN DIE GEGENWART.
Häufig hören wir andere sagen: »Die heutige Jugend ist verloren.« Allerdings schrieb bereits Hesiod vor 2700 Jahren: »Ich habe keine Hoffnung mehr für die Zukunft unseres Volkes, wenn diese Zukunft von der leichtfertigen heutigen Jugend abhängt. Denn diese Jugend ist von einer unerträglichen Unverschämtheit und will alles besser wissen. Als ich jung war, brachte man uns gute Manieren und Respekt vor den Eltern bei. Aber die Jugend von heute will immer

recht haben und ist voll Widerrede.« Und König Salomon sagte treffend: »Es gibt nichts Neues unter der Sonne.« Bereits vor 2700 Jahren beklagte man sich über die Jugend. Jedes Zeitalter war schwierig und komplex. Wichtig ist, weder die Schuld auf die Umstände zu schieben noch zu viel von anderen zu erwarten. Die jungen Leute sind unsere Zukunft, aber wir verfügen über die Gegenwart. Wir können sie beeinflussen, ändern und genießen.

— ICH FREUE MICH ÜBER MICH SELBST.
Wer sich nicht über sich selbst freuen kann, kann auch den Rest nicht genießen. Viele Frauen können sich nicht über ihre Kleidung freuen. Doch das Problem sind nicht die Kleidungsstücke, sondern dass sie nicht mit sich zufrieden sind und sich in ihrer Haut nicht wohlfühlen. Die eine ist hager und möchte üppiger sein. Die andere hat breite Hüften und wünscht sich schmalere. Wieder eine andere hat das Gefühl, ihr fehle etwas, und möchte es ihrem Körper gerne hinzufügen. Eine mit einer langen Nase will eine kleinere. Eine Schwarzhaarige möchte blond sein. Eine mit Schuhgröße 42 wünscht sich, Größe 40 zu haben. Andere lassen sich die Lippen aufspritzen, gehen zum Schönheitschirurgen und so weiter. Dazu kommt es, weil wir nicht gelernt haben, mit uns selbst im Einklang zu sein. Wir akzeptieren uns einfach nicht. Es kann nicht sein, dass ein »anderer« mehr an Sie glaubt, als Sie selbst. Sie sollten sich vor allen anderen lieben und achten. Daraufhin werden andere Menschen es ebenfalls tun.

— ICH WERDE MIR MEINE HERZENSWÜNSCHE ERFÜLLEN.
Haben Sie Lust zu reisen? Tun Sie es! Möchten Sie sich etwas zum Anziehen kaufen? Kaufen Sie sich neue Kleidung! Es hat keinen Sinn zu arbeiten oder zu studieren, wenn nur andere davon profitieren. Erfüllen Sie sich Ihre Träu-

me und warten Sie nicht darauf, dass ein anderer es tut. Häufig scheuen wir uns davor, uns unsere Wünsche zu erfüllen, um nicht als Ehrgeizling oder Egoist angesehen zu werden, doch dabei können wir ins andere Extrem verfallen. Kulturell bedingt stellen Frauen oft ihre eigenen Wünsche zurück; viele Eltern setzen ihre Kinder an die erste Stelle, und dabei gehen Partnerschaften in die Brüche, da sie ihre eigenen Bedürfnisse jahrelang ausblenden. Oder Kinder setzen ihre Eltern an die erste Stelle und leben daher ihr eigenes Leben nicht mehr.

Die Gesinnung mag nobel sein, aber sich so zu verhalten ist falsch. Häufig entsteht ein solches Verhalten aus einem großen »Verantwortungsbewusstsein« heraus, aufgrund einer übertriebenen und falsch verstandenen »Nächstenliebe«, die häufig von Leuten ausgenutzt wird, die solche gutwilligen Menschen manipulieren.

– ICH WERDE WEISE SEIN.

Machen Sie sich bewusst, dass Sie niemandem etwas beweisen müssen. Wenn Sie sich etwas gönnen, tun Sie es für sich selbst. Versuchen Sie nicht, andere Menschen in Ihrem Umfeld damit zu beeindrucken, denn alles, was Sie aus falschen Motiven machen, werden Sie letztlich nicht genießen.

Wenn Sie sich zum Beispiel aus Neid etwas kaufen, etwa weil ein anderer so etwas besitzt, wenn Sie sich etwas gönnen, was Sie sich eigentlich nicht leisten können, es aber nicht lassen können, weil Sie sich fragen, was sonst die anderen wohl sagen werden, befinden Sie sich auf einem falschen Weg, der zu Unzufriedenheit führt.

**Das Recht, diese toxische Emotion zu überwinden und glücklich zu sein, steht Ihnen zu, Sie müssen es sich aber selbst erkämpfen. Bei diesem Kampf winkt eine große Belohnung: Ihre Freiheit.**

# 14 Toxische Ablehnung

*Was hinter uns liegt und was vor uns liegt, sind Kleinigkeiten
im Vergleich zu dem, was in uns liegt.*

Oliver Wendell Holmes,
amerikanischer Arzt und Schriftsteller

Die toxische Wirkung der Ablehnung hat mit einem wichtigen menschlichen Bedürfnis zu tun: unserer Sehnsucht nach Anerkennung. Allerdings suchen wir am falschen Ort nach Anerkennung, und zwar im Außen. Die Ablehnung aber ist in unserem Inneren zu finden.

**Niemand ist dazu befugt, uns abzulehnen oder anzuerkennen. Nur wir selbst können das tun.**

Die Ablehnung ist die leidvollste emotionale Verletzung, die wir erleben können, denn akzeptiert zu werden ist der Reisepass, der uns eine Daseinsberechtigung gibt. Niemand kann leben, ohne akzeptiert zu werden. Diese Akzeptanz kann man nicht kaufen, sie entsteht vielmehr von innen heraus. Die ersten Menschen, die uns diese Wertschätzung entgegenbringen, sind unsere Eltern. Aber im Folgenden werden wir erkennen, dass jeder Einzelne von uns die Fähigkeit hat, das eigene Selbstwertgefühl zu fördern.

Wenn jemand Ablehnung erfährt, hinterlässt es tiefe Narben bei ihm. Ein solcher Mensch rühmt sich stets selbst, wo immer er auch hingeht, aber er bekommt keine anerkennenden Worte von anderen. »Hast du schon mein neues Auto gesehen?« »Rate mal, wo ich dieses Hemd gekauft habe.« »Sieh nur, was für eine schöne Uhr ich mir aus dem Urlaub mitgebracht habe.« »Schau mal, was für eine hübsche Frau ich kennengelernt habe.« In den ›Sprüchen‹ der Bibel heißt es: »Es rühme dich ein anderer und nicht dein eigener Mund.«

Menschen, die zurückgewiesen wurden, messen der Meinung anderer eine zu große Bedeutung bei. Sie sind hochsensibel und versuchen, andere durch ein manipulierendes Verhalten zu kontrollieren. Das führt allerdings dazu, dass diese auf Abstand zu ihnen gehen.

**Die emotionale Ablehnung ist toxisch. Sie hindert uns massiv daran, uns an dem zu freuen, was wir erreicht haben.**

Fühlt jemand sich abgelehnt, kann er sich nicht über die Dinge freuen, die er besitzt, da er sich lediglich darauf konzentriert, ob er beliebt ist, ob er geschätzt wird und ob man ihm zu etwas gratuliert.

Ein Mensch, der sich subjektiv abgelehnt fühlt (was nicht unbedingt den Tatsachen entsprechen muss), kann sich weder über die Lösung eines Problems, noch über ein Auto oder über irgendeinen Erfolg freuen, da seine Augen nur auf »die anderen« gerichtet sind, das heißt, auf das Urteil der anderen. Daher wird nichts von dem, was er erreicht, je genügen.

**Wenn wir materielle Dinge anhäufen, um unser Selbstwertgefühl zu fördern, machen wir uns zu Gefangenen unseres Besitzes.**

Sind wir von materiellen Dingen abhängig, um uns stark und mächtig zu fühlen, werden sie zu einer Sucht und wir brauchen sie zum Weiterleben. Über neue Erfolge können wir uns nicht freuen, da sie uns nicht glücklicher machen, sondern uns lediglich dazu dienen, unser Selbstwertgefühl zu steigern.

In einer solchen Situation entwickeln sich viele toxische Verhaltensweisen: Wir werden überehrgeizig, missgünstig und geizig. Egal, ob wir viel oder wenig besitzen, die Ablehnung hindert uns daran, irgendetwas zu genießen.

- DIE ABLEHNUNG MACHT UNS DÜNNHÄUTIG. Das hat folgenden Grund: Wenn wir versuchen, Anerkennung von anderen zu erheischen, machen wir uns zu ihren Sklaven.
- DIE ABLEHNUNG HINDERT UNS DARAN, WURZELN ZU SCHLAGEN. Solange wir uns nicht als Person behaupten, irren wir ziellos umher und sind ständig auf der Suche nach unserem Platz in der Welt.
- MENSCHEN, DIE ZURÜCKWEISUNG ERFAHREN, ACHTEN NICHT AUF SICH. Daher flüchten sie sich häufig in Drogen oder Alkohol und grenzen sich von ihrem Umfeld ab. Überdies überträgt eine Person, die abgelehnt wurde, dieses Gefühl auch.

Fühlen wir uns abgelehnt, sind wir verletzt und nur dazu in der Lage, weiterzugeben, was uns selbst widerfahren ist. *Der Abgelehnte tut alles Mögliche, um zurückgewiesen zu werden.* Wir verhalten uns abweisend, sogar in Situationen, in denen wir zu unserer Überraschung gelobt werden.

Daher müssen wir das Gefühl der Ablehnung heilen. Andere Menschen können uns keine Anerkennung und Wertschätzung schenken. Wir müssen sie uns selbst entgegenbringen. Wir dürfen nicht zulassen, dass andere unser Herz prägen.

Wenn wir Anerkennung im Außen suchen, können wir keinen Erfolg genießen und uns über nichts freuen, denn was für uns wichtig ist, hat vielleicht keinerlei Bedeutung für einen anderen.

Unser Selbstwertgefühl und unser Glück hängen weder von unserem Besitz noch von den Worten ab, die ein anderer uns widmet. Unser Selbstwertgefühl wächst, wenn wir uns als

Person akzeptieren und damit anfangen, gut über uns selbst zu sprechen.

Ihre Zukunft hängt davon ab, mit welcher Kraft und Energie, mit welchen Träumen und Zielen Sie jeden Tag beginnen wollen. Sie sollten auf sich achten, Ihre eigenen Stärken benennen und beschließen, einen erfolgreichen Tag zu haben.

Konzentrieren Sie sich auf Ihr Ziel, statt auf die anderen Leute, denn sonst machen Sie sich im Laufe der Zeit zu sehr von ihnen abhängig.

Rufen Sie sich Folgendes in Erinnerung: Die Dinge, die wir uns selbst gegenüber am häufigsten wiederholen, prägen einen Teil unseres Selbstbilds.

**Ihr Leben folgt Ihren Gedanken. Und Ihre Überzeugungen entsprechen der Qualität Ihrer Gedanken: Ihr Leben wird nie über das hinausgehen, was Sie denken.**

### 1. Wie oft wurden wir abgelehnt?

Wenn wir von Ablehnung sprechen, fühlen wir uns meistens nicht sehr wohl dabei, da es sich um ein Gefühl handelt, das wir – ich möchte dies noch einmal betonen – verdrängen möchten. Es behagt uns nicht, darüber zu reden, da es Emotionen oder Reaktionen hervorruft, die wir nicht gut verstehen oder nur schwer ändern können.

Sigmund Freud behauptete, das Gegenteil von Liebe sei nicht Hass, sondern Gleichgültigkeit. Ihm zufolge spüren wir bei der Liebe wie beim Hass, dass wir existieren. Die Gleichgültigkeit steht dagegen für die Nichtexistenz. Häufig sagen wir unbewusst zu dem Menschen an unserer Seite Dinge wie: »Liebe mich oder hasse mich, aber bitte gib mir das Gefühl, dass ich am Leben bin.« »Wenn du mir keinen Kuss gibst, dann gib mir eine Ohrfeige.«

Offensichtlich gibt es kein schlimmeres Gefühl im Leben, als zu erkennen, dass man für den anderen nicht existiert. In gewisser Weise sehnen wir uns alle danach, vom anderen anerkannt zu werden. Das Gefühl der Ablehnung und Verlassenheit kann daher zweifellos zu bestimmten Verhaltensstörungen führen.

Viele Menschen, die unter geistigen, psychischen und emotionalen Störungen leiden, haben in ihrer Kindheit einen Mangel an Liebe und Zuneigung erfahren. Viele widersinnige Verhaltensweisen sind auf ein Bedürfnis nach Liebe zurückzuführen, das nicht befriedigt wurde.

**Ein Großteil unserer unerklärlichen Traurigkeit hat nur eine einzige Ursache: Wir haben andere nicht so geliebt, wie sie es gebraucht hätten, oder wir wurden nicht so geliebt, wie wir es uns erhofft hatten.**

Andere Menschen begleiten uns nur bis zu einem bestimmten Punkt – so weit sie eben können. Aber es gibt einen Moment, in dem wir alleine sind. In unserer schwersten Stunde ist niemand bei uns. Wir sind alleine.

Im schlimmsten Moment ruft uns niemand an. Wenn wir es am dringendsten bräuchten, ist niemand da. Und so sind wir in der schwierigsten Phase allein.

In vielen Situationen fühlen wir uns schutzlos, allein und bekümmert, da das Gefühl, abgelehnt zu werden, uns verletzt und vereinnahmt. Die Zurückweisung ist die leidvollste emotionale Verletzung; wer Ablehnung erfährt, nimmt die Verletzung mit, wo immer er auch hingehen mag.

Trotzdem sollten Sie sich Folgendes bewusst machen:

– Die Ablehnung kann Sie nicht blockieren oder begrenzen.
– Die Ablehnung kann Sie nicht schwächen.
– Die Ablehnung kann Sie nicht beeinflussen.

*Sie sind nicht für ein »Nein« gemacht. Sie wurden nicht geschaffen, um abgelehnt zu werden. Seit dem Moment, in dem Sie zur Welt gekommen sind, sind Sie angenommen und wertvoll.* Und sobald Sie diese Wahrheit erkennen, werden Sie sich keiner weiteren Beurteilung mehr unterziehen müssen.

Es ist nicht schlimm, wenn Sie einen Fehler machen. Sie haben stets die Chance, neu anzufangen. Allerdings sollten Sie sich mit Ihren Fehlern auseinandersetzen. Wenn Sie es nicht tun, wirken die Fehler wie eine Infektion, die – bleibt sie unbehandelt – ein ganzes Leben zerstören kann.

Sie sollten sich bewusst machen, dass es auf all die Male, wo Sie zurückgewiesen wurden, nicht ankommt, da Sie ein Erfolgsmensch sind und ein Ziel haben. Das Wichtigste im Leben sind wie gesagt nicht die Ereignisse selbst. Was zählt, ist die Art und Weise, wie Sie über die Dinge denken, die Ihnen widerfahren.

Sie sind bereit, nicht länger darauf zu hören, was andere sagen oder von Ihnen erwarten.

## 2. Meins, meins, meins ...

Klammern Sie sich an nichts fest. *Frei zu sein bedeutet, an nichts anzuhaften.*

Achten Sie gut auf die Dinge, die Sie besitzen, und freuen Sie sich darüber. Aber haften Sie nicht daran an. Lernen Sie, die Dinge loszulassen, damit Sie nicht darunter leiden oder es Ihnen schadet, wenn sie nicht mehr in Ihrem Leben vorhanden sind. So wie wir selbst hat alles einen Lebenszyklus.

**All die Dinge, die wir nicht loslassen können, besitzen wir nicht, sondern wir sind deren Sklaven.**

Alles ist vergänglich, und wir sind in der Lage, auch ohne diese Dinge weiterzuleben.

Wie viele Dinge befinden sich in unseren Schränken, Kommoden und alten Truhen, da wir sie für alle Fälle aufbewahrt haben, obwohl wir sie eigentlich nicht brauchen? Sicherlich ist es eine ganze Menge.

Trotzdem heben wir die Fotos unserer Expartner auf, den Hochzeitsanzug, um ihn eines Tages noch einmal anzuziehen, sofern wir abnehmen, die Tasse ohne Henkel, die unser erstes Kind benutzt hat, sowie unzählige weitere Dinge.

Ohne uns dessen bewusst zu sein, fördern wir auf diese Weise eine Kultur des Elends, da wir nicht daran glauben, dass wir neue und noch größere und bessere Dinge erschaffen können als bisher.

Daher sollten wir beginnen zu geben. Wir sollten Gefallen daran finden, etwas um des Gebens willen zu geben. Beginnen wir damit, uns von gewissen Dingen zu lösen. *Und wenn wir Angst haben, etwas Bestimmtes zu verlieren, ist dies das Erste, wovon wir uns trennen sollten.*

**Nur wenn wir Altes wegwerfen, geben wir dem Neuen Raum. Das Gleiche gilt für unsere Emotionen. Wenn wir zulassen, dass Gefühle, die uns verletzt haben, aus unserem Leben verschwinden, stehen uns die besten Momente und die besten Begegnungen mit Menschen noch bevor.**

### 3. Sich von dem Gefühl der Ablehnung befreien: einfache Strategien und Techniken

— DIE ABLEHNUNG LÖST SICH AUF, WENN SIE IHRE WEISHEIT NUTZEN.

Die Weisheit setzt Kräfte frei, aber mit Kraft gelangt man nicht zur Weisheit. Wir können weitermachen wie bisher, aber es wäre klug, die Ablehnung zurückzuweisen und das Leben zu genießen.

- DIE ABLEHNUNG LÖST SICH AUF, WENN SIE IN SICH SELBST INVESTIEREN.

Wir können nichts geben, was wir nicht besitzen. So, wie ich mit mir selbst umgehe, so gehe ich auch mit meinem Gegenüber um. So, wie ich den anderen behandle, so behandle ich auch mich. Wer sich selbst nicht achtet, achtet auch den anderen nicht. Sorgen Sie gut für sich selbst. Sie werden anderen nur das geben können, was Sie auch sich selbst schenken. Investieren Sie in sich und geben Sie sich Zeit. Verzeihen Sie sich. Entdecken Sie Ihr verborgenes Potenzial.

- DIE ABLEHNUNG LÖST SICH AUF, WENN SIE GUT ÜBER SICH SELBST SPRECHEN.

Manche Menschen können positive Dinge über andere äußern, aber wenn es um sie selbst geht, wissen sie nichts zu sagen. Sprechen Sie gut über sich selbst! Niemand wird sich um Sie kümmern, wenn Sie es nicht selbst tun. Benennen Sie Ihre Stärken. Beschließen Sie, dass heute Ihr bester Tag sein wird. Alles, was Sie äußern, heilt Sie entweder oder es macht Sie krank. Beginnen Sie, gut über sich selbst zu sprechen, damit es Ihnen jeden Tag besser geht, damit Sie gesunden. Die Dinge, die wir uns selbst gegenüber am häufigsten wiederholen, bestimmen unser Selbstbild. Verändern Sie Ihr Selbstbild mithilfe von Worten. Ihre Worte sind Ihr bestes Kapital, und Ihr Mund verwaltet es. Gönnen Sie sich daher nur das Beste!

- DIE ABLEHNUNG LÖST SICH AUF, WENN SIE SICH DAS BESTE GÖNNEN.

Wenn Sie etwas essen, sollten Sie sich das Allerbeste gönnen. Kaufen Sie sich außerdem ein schönes Kleidungsstück, um Ihrem Körper zu vermitteln, dass es heute eines ist, aber dass es morgen bereits zwei sein werden. Und übermorgen wird alles, was Sie tragen, nur vom Feinsten sein, denn Ihr Geist ist nicht der eines Verlierers, sondern der eines gesunden, freien Menschen, der um den Wert seines Lebens weiß und sich daher gut darum kümmert. Sie sollten sich im Rahmen Ihrer Möglichkeiten mit den besten Dingen beschenken und belohnen.

- DIE ABLEHNUNG LÖST SICH AUF, WENN SIE SICH MIT MENSCHEN UMGEBEN, DIE ES BEREITS GESCHAFFT HABEN.

Wenn Sie wissen möchten, wie es um das Selbstwertgefühl von jemandem bestellt ist, sollten Sie beobachten, in welcher Gesellschaft er sich in der Regel befindet. Tun Sie sich mit Menschen zusammen, die wertvoll und segensreich für Ihr Leben sind. Sie wurden dafür geschaffen, einen siegreichen Weg zu beschreiten, um zu träumen: Sie haben das Zeug für einen Champion. Tun Sie sich mit Ihren Mentoren zusammen, mit Leuten, die beruflich über Ihnen stehen.

Lösen Sie jede Zurückweisung auf, jegliche Verlassenheitsgefühle, erteilen Sie jeglicher Strafe, jedem Stigma, jedem Vergleich, jeder übertriebenen Erwartung eine Absage – all diesen Dingen, die auf Ihren Schultern gelastet haben.

Lösen Sie das Gefühl der Verlassenheit und der Bestrafung auf. Beginnen Sie, auf sich zu achten und sich wertzuschätzen.

Lassen Sie sich nicht von anderen bewerten. Sie wissen selbst, wie wertvoll Ihr Leben ist. Geben Sie sich Zeit, gönnen

Sie sich das Beste und umgeben Sie sich mit Menschen, die Ihr Leben bereichern.

**Lob ist angenehm und Anerkennung nützlich, aber heischen Sie nicht nach der Anerkennung anderer, denn das bringt Sie von Ihrem Weg und Ihrem Ziel ab.**

Machen Sie sich nicht zum Sklaven anderer Leute. Wenn jemand Sie zurückweist, gehen Sie auf Abstand zu ihm. Warum sollten Sie in seiner Nähe bleiben?

Sie sind wertvoll, einzigartig und unwiederbringlich. Sie haben etwas zu geben, was nur Sie besitzen. Wenn Sie das erkennen, wird der Tag kommen, an dem Sie nicht mehr um das Lob anderer Leute betteln müssen. Loben Sie sich selbst.

Konzentrieren Sie sich auf Menschen, die Sie mögen und lieben, anstatt auf solche, die Sie herabsetzen und zerstören. Sind Sie dazu bereit?

- Befreien Sie sich von jeglichem Gefühl, das Ihnen vermittelt: »Ich bin unfähig.«
- Befreien Sie sich von allen abwertenden Gefühlen und Worten.
- Befreien Sie sich von der Depression, die Sie daran hindert, Ihre Gefühle zum Ausdruck zu bringen, und die Sie erstickt.
- Befreien Sie sich vom Perfektionismus, von Ihren Ängsten.
- Befreien Sie sich von materiellen Dingen, von traurigen Erinnerungen, Ritualen, Gewohnheiten und falschen Überzeugungen, die Ihnen nicht dabei helfen, sich weiterzuentwickeln oder Schuldgefühle und überkommene Ängste zu überwinden.
- Befreien Sie sich von Ihrer Vergangenheit, von den Todesfällen und all den alten Emotionen in Ihrem Herzen.

- Befreien Sie sich von allen Ehemaligen, egal, ob es sich um frühere Partner, Freunde oder Chefs handelt. Haben Sie keine Angst davor, sich von allem Alten zu lösen.
- Befreien Sie sich von verletzenden und einengenden Emotionen.
- Befreien Sie sich, befreien Sie sich von all den Dingen, vor deren Verlust Sie sich fürchten. Wenn sie nicht mehr zu Ihrem Leben gehören, werden sie Sie nicht verletzen, und Sie können sich für etwas Neues öffnen. Seien Sie niemandem gegenüber nachtragend und beginnen Sie wieder zu lächeln. Alles ist möglich, wenn man daran glaubt.
- Befreien Sie sich von allen falschen Gottesvorstellungen. Er verurteilt Sie nicht und wirft Ihnen nichts vor. Im Gegenteil. Er wünscht sich, Sie gesund und erholt zu sehen, glücklich und zufrieden.
- Befreien Sie sich von früheren Erfolgsmomenten, denn die größten Errungenschaften stehen Ihnen noch bevor.

**Befreien Sie sich und seien Sie glücklich. Nichts ist schöner, als Ihr Leben Ihren Zielen und Träumen zu widmen. Blicken Sie nicht zurück, bleiben Sie nicht stehen und verlieren Sie keine Zeit. Befreien Sie sich vom Leid, von den toxischen Emotionen. Verzeihen Sie sich dann selbst und verzeihen Sie anderen, und wenn Sie das tun, erinnern Sie sich daran, dass alles möglich ist, wenn man daran glaubt.**

# 15 Toxische Eifersucht

*Nur wenn wir frei sind, können wir glücklich sein. Und wenn wir anderen Menschen ihre Freiheit lassen, beginnen wir selbst, in Freiheit zu leben.*

Alejandra Stamateas

Wie wir im entsprechenden Kapitel erörtert haben, ist Neid der Wunsch, das zu haben, was ein anderer besitzt. Kann der Neider es nicht bekommen, möchte er den anderen samt seinem Besitz zerstören. Beim Neid sind immer zwei Personen beteiligt. »Ich möchte haben, was du hast.«

Bei der Eifersucht verhält es sich umgekehrt. Sie entsteht aus der Angst heraus, etwas zu verlieren, und in diesem Fall sind drei Personen beteiligt: der Eifersüchtige, das Objekt beziehungsweise die Person, die er zu verlieren fürchtet, und derjenige, der hinzukommt, um dieses Etwas oder diesen Jemand zu »stehlen«, von dem der Eifersüchtige »Besitz ergriffen« hat.

Die Eifersucht wirkt toxisch und macht das »Opfer« und den »Täter« unfrei. Beide befinden sich in einer toxischen Beziehung. In unserer Gesellschaft haben die meisten Beziehungstaten etwas mit Eifersucht zu tun. Bei einem hohen Prozentsatz der häuslichen Gewalt spielt Eifersucht ebenfalls eine Rolle. Dieses Gefühl ist unabhängig vom Alter: Es gibt eifersüchtige Erwachsene sowie Kinder, die von der Eifersucht vereinnahmt werden.

Man kann eifersüchtig auf einen Partner oder etwa auf eine Arbeit sein. Ein Kind kann eifersüchtig reagieren, weil seine Mutter oder sein Vater mit anderen Kindern spricht.

Man kann zudem auf Freunde eifersüchtig sein. Alles, was wir haben, kann die Eifersucht wecken, da es sich dabei um die Angst handelt, es zu verlieren.

Ein Beispiel für eifersüchtige und kontrollsüchtige Personen sind Frauen, die ihre ganze Familie überwachen, alles für die anderen entscheiden wollen und diese Einstellung über die Jahre hinweg beibehalten. Sie glauben, die anderen seien Objekte, die ihnen zur Verfügung stünden, und sie könnten alles kontrollieren, was die übrigen Familienmitglieder tun oder sagen. Für sie ist der andere jemand, den sie zurückhalten müssen (»unter ihren Fittichen«), und der ihnen nicht entkommen darf. »Wenn es uns gelingt eine Einheit zu werden, wirst du nicht gehen, und ich werde das ganze Leben sicher sein.«

Männer kontrollieren andere in der Regel, indem sie ihre Macht einsetzen, wobei auch manche Frauen das tun. Doch für Männer ist es charakteristisch, Macht so zu nutzen: »Du tust, was ich dir sage, sonst gehe ich.« »Ich werde dir kein Geld mehr geben.« »Wenn du das tust, ist alles in Ordnung, falls nicht, wird das Konsequenzen haben.« Ein Mensch, der sich so aufspielt, fühlt sich eigentlich sehr klein.

**Spielen Sie sich nicht so auf,**
**Sie sind in Wirklichkeit gar nicht so klein.**

## 1. Der Teufelskreis der Eifersucht

Von dem Moment an, in dem die Eifersucht entsteht, bis zu dem Zeitpunkt, an dem das Befürchtete geschieht, befindet sich die eifersüchtige Person in dem folgenden Teufelskreis:

- DIE BEDROHUNG SPÜREN: Die eifersüchtige Person spürt, dass es einen Dritten gibt – der real oder eingebildet sein kann –, der ihr den Partner, einen/eine Freund/in oder wen auch immer wegnehmen will. Diese dritte Person betrachtet sie als Dieb.

— DEN ANDEREN KONTROLLIEREN: Die eifersüchtige Person beginnt, den anderen zu kontrollieren, zu überwachen und zu verfolgen, um einen Beweis dafür zu finden, dass ihr Verdacht stimmt und eine dritte Person ihr den anderen wegnehmen will. Wenn es ihr nicht gelingt, selbst einen Beweis zu entdecken, verhört sie den anderen. Die eifersüchtige Person bekommt zwar Antworten, erreicht ihr Ziel damit jedoch nicht. Also befragt sie den anderen immer weiter, interpretiert die Antworten auf ihre Weise und besteht darauf, dass ihr Gegenüber ihr immer wieder Rede und Antwort steht.

— VERBOTE AUSSPRECHEN: Der eifersüchtige Mensch versucht zum Beispiel zu verhindern, dass der Partner sich zurechtmacht, Parfüm auflegt oder sich schick anzieht. Anfangs werden seine Vorschläge noch akzeptiert, da sein Gegenüber sie als Fürsorge empfindet. Aber aus der Fürsorge werden allmählich Verbote. »Zieh diesen Rock nicht an, er ist zu kurz!« »Schmink dich nicht. Du machst dich nur lächerlich damit.« Viele Menschen verwechseln Eifersucht mit Liebe.

— UM VERZEIHUNG BITTEN: Die eifersüchtige Person entschuldigt sich, weint, macht dem anderen Geschenke. Die Situation normalisiert sich wieder, bis erneut ein realer oder eingebildeter Dritter auftaucht und der Teufelskreis von Neuem beginnt: Der Eifersüchtige ist misstrauisch, macht dem anderen Szenen, entschuldigt sich, die Situation normalisiert sich, dann herrscht wieder Misstrauen ...

— DIE VORAHNUNG ERFÜLLT SICH: Letztlich erfüllt sich die Angst vor dem Verlust. Der andere entfernt sich von der eifersüchtigen Person. Unsere Befürchtungen treffen stets ein, da die Angst der Glaube an etwas Negatives ist. Und der Glaube funktioniert bei positiven und negativen Dingen.

**Häufig profitieren andere Leute von Dingen, die wir tun, um von jemandem Besitz zu ergreifen.**

*Die Biberratte fühlte sich äußerst geschmeichelt, als sie feststellte, dass ein Teru-Teru[14] stets herbeigeflogen kam und sich zu ihr gesellte, wenn sie an Land ging, um am Ufer nach Wurzeln oder anderen Dingen zu graben. Der Teru-Teru grüßte sie tausendfach, indem er seinen Hals in die Höhe reckte und seinen Kopf wie eine Marionette ruckartig hin- und herbewegte. Dabei trällerte er freudig und ließ die Biberratte keine Sekunde allein, solange diese an Land war.*

*Die Biberratte hatte keinen Zweifel, das Herz des Terus gewonnen zu haben, und vermutete, dass dieser ihr seine Liebe nur aufgrund seiner Schüchternheit noch nicht gestanden hatte.*

*Als die Biberratte wieder ins Wasser tauchte, flog der Teru zum nächsten Hügel, wo eine andere gute Freundin von ihm wohnte, die Viscacha.[15] Der Teru wartete in der Nähe ihrer Höhle auf den Sonnenuntergang. Zu dieser Zeit kam die Viscacha heraus, um frische Luft zu schnappen, zu fressen und in der Erde zu graben. Sobald sie mit ihrer Arbeit begann, schenkte der Teru ihr seine gesamte Aufmerksamkeit. Außerdem wühlte er ebenfalls im Boden, so als wolle er ihr helfen, und machte ihr mit tausend Komplimenten den Hof.*

*Doch eines Tages überraschte die Biberratte ihn. Sie konnte es sich nicht verkneifen, dem Teru ihre Enttäuschung zu zeigen, und forderte ihn auf, ihr zu sagen, wen von beiden er lieber mochte.*

*Der Teru musste gestehen, dass er keine der beiden lieber mochte. Es war nur so, dass es ihm gefiel, wie beide ihn mit allen möglichen Würmern versorgten. Die Biberratte grub in der feuchten Erde am Ufer des Flusses danach und die Viscacha auf dem Hügel.*

**Eine fütternde Hand beißt man nicht, aber das ist noch lange kein Beweis für wahre Liebe.**

---

14   Südamerikanischer Vogel, Spechtart
15   Südamerikanisches Nagetier aus der Familie der Chinchillas

## 2. Haben oder nicht haben – alles hängt von unserer Erlaubnis ab

**Wenn ich mir nicht zugestehe, etwas zu haben, gebe ich mir die Erlaubnis, es zu verlieren.**

Der Eifersüchtige befürchtet, etwas zu verlieren, weil er sich innerlich nicht erlaubt, es zu haben. Jedes Mal, wenn wir uns etwas nicht zugestehen, haben wir Angst vor einem Verlust. Doch die Eifersucht lässt sich kurieren: *Wenn wir uns die Erlaubnis geben, etwas zu haben, müssen wir nicht mehr befürchten, es zu verlieren.*

– ALS ELTERN SOLLTEN WIR UNSEREN KINDERN DIE ERLAUBNIS GEBEN, ETWAS ZU HABEN.
Ein eifersüchtiger Mensch hat diese Erlaubnis nicht von seinen Eltern erhalten. Er ist in Verhältnissen aufgewachsen, in denen die Eltern sich gegenseitig hintergingen, in denen Vernachlässigung und Gewalt vorherrschten, in denen andere herabgewürdigt wurden, in einem Umfeld jedenfalls, in dem ihm keine Wertschätzung zuteil wurde und die Eltern ihm eine solche Erlaubnis nicht erteilten. Als Eltern sollten wir unsere Kinder segnen, denn dadurch gestehen wir ihnen zu, etwas zu besitzen, zu leben und Fähigkeiten zu entwickeln. Wir sollten unseren Kindern auf ihrem Weg als Lehrer zur Seite stehen. Dann werden sie uns, wenn wir alt sind, nicht verlassen. Es ist die Aufgabe der Eltern, ihre Kinder zu motivieren und zu ermutigen, damit diese ihren eigenen Weg finden. Denn wenn das geschieht, werden sie sich nicht von ihren Eltern abwenden.

**Ein Mensch, der mit Träumen lebt, ist ein Mensch, der siegreich lebt.**

In der Antike deuteten die Namen der Menschen darauf hin, was sie in der Zukunft erreichen würden. Die Eltern waren sich im Klaren darüber, dass sie die wichtige Aufgabe hatten, ihren Kindern zu vermitteln, welch großartige Zukunft ihnen bevorstand.

Wir sollten unseren Kindern zeigen, dass das Leben bereits große Träume in ihren Herzen angelegt hat.

— ALS ELTERN SOLLTEN WIR UNSEREN KINDERN IDEALE VER-
MITTELN.

Selbst wenn unsere Kinder schon größer sind, sollten wir sie mit Idealen inspirieren, denn junge Leute erwarten heutzutage gar nichts. Fragt man sie, was sie gerne erreichen wollen, was sie werden möchten, haben viele von ihnen keine Antwort parat, denn es gibt Eltern, die ihren Kindern keine Ideale vermitteln. »Ich weiß, dass du großartige Dinge erreichen wirst.« »Ich wünsche mir, dass du etwas Großartiges schaffen wirst.« »Du bist ein Sieger, kämpfe stets dort, wo es tolle Preise zu gewinnen gibt.« »Ich glaube an dich.« Wir sollten keine Angst vor Idealen haben, auch wenn wir in einer Gesellschaft ohne Ideale leben. Heutzutage folgen viele Menschen der Devise, nach Möglichkeit »irgendwie durchzukommen«. Wir haben unsere Kinder allerdings nicht zur Welt gebracht, damit sie lediglich »versuchen zu leben«. Ohne Ausrichtung zu leben wird weder unsere Kinder noch die Nachwelt inspirieren. Wir Menschen brauchen Ziele, daher sollten wir unseren Nachkommen die Entschlossenheit vermitteln, ihre Träume zu verwirklichen.

— ALS ELTERN SOLLTEN WIR UNSEREN KINDERN BEIBRINGEN
ZU LEBEN.

Manche Eltern kümmern sich stärker um das intellektuelle Leben ihrer Kinder als um ihr Innenleben. Wir sollten unseren Kindern das Leben mit all seinen Facetten nahebringen und sie lehren, sich auch um ihr Herz zu kümmern – indem wir es ihnen vorleben.

— ALS ELTERN SOLLTEN WIR UNSEREN KINDERN BEDINGUNGSLOSE LIEBE ENTGEGENBRINGEN.
Unsere Kinder sollten wissen, dass wir sie immer lieben werden, egal, was sie auch tun mögen. Damit gestehen wir ihnen alles zu, was sie brauchen, und schenken ihnen Sicherheit. Manche Eltern bestrafen ihre Kinder, wenn diese einen Fehler machen, anstatt sie umgehend daran zu erinnern, dass sie sie stets lieben werden. Unsere Kinder müssen wissen, dass unsere Liebe bedingungslos ist und ewig währt.

## 3. Ich sollte mir die Erlaubnis geben

**Wenn Ihre Eltern es nicht getan haben,
ist immer noch Zeit dafür.**

Wenn Ihnen in Ihrer Familie nichts zugestanden wurde, können Sie sich selbst die Erlaubnis erteilen und dies auch gleich bei Ihren Kindern tun. Verändern Sie den Kurs, denn in der Familie muss stets einer als Erster entschlossen sein, damit die Übrigen ihm folgen.

Es ist das beste Beispiel für Ihre Kinder, wenn Sie selbst tun, was Sie sich von ihnen wünschen. Die Kinder haben genug von den Worten; sie wollen sehen, dass ihre Eltern voller Lebensfreude sind.

Manche Menschen haben Verlustängste, weil sie sich selbst nichts zugestehen.

Beantworten Sie nun die Fragen im folgenden Test mit Ja oder Nein.

SELBSTVERLEUGNUNG, STUFE 1:                                Ja    Nein

Bin ich unabhängig und für mich selbst
verantwortlich?

Achte ich in der Regel auf meine grundlegenden
Bedürfnisse und erfülle sie?

Finde ich in vielen Dingen Zufriedenheit?

SELBSTVERLEUGNUNG, STUFE 2:

Messe ich meinen grundlegenden Bedürfnissen keine
Bedeutung bei?

Macht es mich zufriedener, mich um andere zu
kümmern als um mich selbst?

Gefällt es mir besser, wenn andere mich glücklich
machen?

Fällt es mir schwer, Geld für mich selbst auszugeben?

Verschiebe ich die Befriedigung meiner Bedürfnisse
auf später?

Übergehe ich meine Bedürfnisse, weil ich ständig
andere Dinge zu tun habe?

SELBSTVERLEUGNUNG, STUFE 3:

Bin ich wie eine Maschine, wenn es um die Erfüllung
der Bedürfnisse von anderen geht?

Ist es meine Aufgabe, anderen zu dienen?

Arbeite ich mich so lange auf, bis ich zusammen-
breche?

Bin ich ein Roboter?

Habe ich extreme Wutausbrüche?

*Ich sollte mir die Erlaubnis geben* | **235**

Wenn Sie die Fragen ehrlich beantwortet haben, werden Sie mühelos erkennen, auf welcher Stufe der Selbstverleugnung Sie sich befinden. Beginnen Sie heute damit, sich selbst Dinge zu erlauben.

### Woher weiß ich, ob ich mir etwas erlaube?

Der Test, den Sie gerade gemacht haben, bezieht sich auf Menschen, die ihre eigenen Wünsche zurückstellen und sich damit die Botschaft vermitteln: »Ich habe es nicht verdient.« Diese innere Botschaft kreist auch in den Gedanken eines eifersüchtigen Menschen: »Die Dinge, die ich besitze, habe ich definitiv nicht verdient, deshalb kann ich sie jeden Moment verlieren.« Jemand, der sich seine Wünsche erfüllt, gesteht sich Dinge zu, die nicht unbedingt nötig wären. Ein Bedürfnis ist eine Sache, ein Wunsch etwas anderes. Notwendig sind Dinge, die wir unbedingt brauchen, aber Wünsche sind Extras. Auch ohne diese Extras können wir weiterleben.

### Alles hängt davon ab, wo ich meine Wünsche aufbewahre. Das ist der Schlüssel für ihre Verwirklichung.

Wir haben es selbst in der Hand, ob wir unsere Wünsche mit Dingen verbinden, die uns guttun, oder mit solchen, die uns verletzen. Eine Frau, die eine Affäre mit einem verheirateten Mann hat, verknüpft ihre Wünsche mit einer Situation, die sie früher oder später verletzen wird. Ein Jugendlicher, der seine Wünsche mit Drogen verbindet, ein Berufstätiger, der zum Workaholic wird, oder eine Mutter, die sich von den Wünschen aller anderen abhängig macht, ihre eigenen aber regelmäßig zurückstellt – sie alle schaden sich mit ihrem Verhalten. Wir sollten unsere Wünsche mit Zielen verbinden, die uns bereits heute guttun, ohne dabei unsere Zukunft zu gefährden.

**Ein guter Wunsch, den man auf eine falsche Weise umsetzt, wird zum schlechten Wunsch.**

Wenn wir uns wünschen, Geld zu haben, und dies mit etwas Schlechtem verbinden, wird unser Inneres uns darauf hinweisen, dass wir stehlen.

Wenn wir unsere Ruhe haben wollen und diesen Wunsch mit etwas Schlechtem verknüpfen, wird unser Inneres uns sagen, dass wir lügen. Für viele Menschen sind dies Optionen, mit denen sie sich ihre Wünsche sofort erfüllen können. Allerdings wird es sie morgen teuer zu stehen kommen.

*Pseudowünsche. Falsche Wünsche, die wahre Wünsche verbergen:* Menschen, die viele Wünsche haben und ständig auf der Suche nach etwas sind, wissen in Wirklichkeit nicht, was sie wollen. Daher handelt es sich bei ihren Wünschen in Wahrheit um Pseudowünsche. Es sind keine echten Wünsche. Anfangs scheint es sich um gute Wünsche zu handeln, aber sobald sie erfüllt wurden, stellen die Menschen fest, dass sie weder sinnvoll waren noch einen Wert haben.

## 4. Die Eifersucht überwinden: einfache Strategien und Techniken

Sobald Sie sich erlauben, glücklich zu sein und sich Ihre Wünsche zu erfüllen, müssen Sie nicht länger eifersüchtig sein. Überdies werden Sie sich nicht mehr dazu verpflichtet fühlen, ständig für alle da zu sein. Beschließen Sie, Ihre Ausrichtung zu verändern und sich von nun an darauf zu konzentrieren, Menschen und Dinge »anzuziehen«, anstatt »Besitz von ihnen zu ergreifen«.

Sind Sie bereit?

*Das Gesetz der Anziehung anwenden*

Diesem Gesetz zufolge besitzen wir die Kraft, alles anzuziehen, was wir respektieren.

Wie wir bereits festgestellt haben, können wir mithilfe der Eifersucht weder ersehnte Ziele erreichen noch Dinge bekommen oder Personen für uns einnehmen, die wir uns für unser Leben wünschen würden. Jeder Tag ist voller Chancen, und unsere Aufgabe besteht darin zu erreichen, dass sie immer näher kommen, damit wir sie ergreifen können. Es hängt von unserer Einstellung ab, auf welche Weise wir das Gesetz der Anziehung nutzen können – ob die Chancen, die sich bereits vor unserer Tür befinden, heranrücken oder sich entfernen.

**Alles, was wir respektieren, wird auf uns zukommen, und alles, was wir nicht respektieren, wird sich von uns entfernen.**

Wie können wir Chancen anziehen? Sie befinden sich in unserer Nähe, aber wir müssen die Anziehungskraft nutzen, um sie gezielt heranzuholen. Dafür gibt es mehrere Möglichkeiten.

– EIN MENSCH MIT CHARAKTER WIRKT ANZIEHEND.
  Hat jemand Charakter, ist er ganz er selbst. Wenn Sie ganz Sie selbst sind, ziehen Sie andere an. Sind Sie dagegen nicht authentisch, entfernen andere sich von Ihnen. Sie sollten stets Sie selbst sein, ob zu Hause oder woanders, egal, wo Sie sind, denn wenn Sie mit sich selbst im Einklang sind, ziehen Sie Menschen an, die Ihnen ähnlich sind.

– PERSÖNLICHES ENGAGEMENT ZIEHT CHANCEN AN.
  Verfolgen Sie einen Traum? Setzen Sie sich für etwas ein? Gibt es einen Traum, dem Sie sich mit ganzem Herzen verschrieben haben?

Das Engagement verleiht Ihnen eine Aura, es macht Sie attraktiv. Es kommt nicht darauf an, wofür genau Sie sich einsetzen, sondern darauf, dass Sie sich einem großen Ziel widmen, etwas riskieren und daher sagen können: »Ich verfolge einen großen Traum.« Das verleiht Ihnen Autorität.

Wenn Sie etwas wagen, sollten Sie sich hundertprozentig dafür einsetzen. So werden Sie weitere Träumer anziehen, die Sie unterstützen. Sie werden große Träume anlocken und große Ressourcen, da Menschen, die etwas wagen, Chancen anziehen.

> *Wenn es dir im Leben zufällt, Straßen zu kehren, dann kehre die Straßen, wie Michelangelo Bilder malte. Kehre die Straßen, wie Beethoven Musik komponierte.*
>
> Martin Luther King

- WER SICH FÄHIGKEITEN ANEIGNET, ZIEHT CHANCEN AN.
  Wer sich auf etwas ausrichtet, übertrifft sich selbst. Andere Menschen werden nach zwei Monaten erkennen, wie sehr Sie sich persönlich weiterentwickelt haben. Planen Sie Zeiten ein, in denen Sie sich Fähigkeiten aneignen und nach neuen Herausforderungen suchen. Wenn jemand zum Beispiel krank ist, sucht er nach den besten Ärzten. Und das sind diejenigen mit den größten Fähigkeiten. Ein guter Arzt hat eine starke Anziehungskraft.

- DIE »CHEMIE« MUSS STIMMEN.
  Hat jemand eine sympathische Ausstrahlung, fühlen sich andere Menschen wohl in seiner Nähe. Manche Menschen kommen nicht vorwärts, obwohl sie einen großen Einsatz bringen und über die nötigen Fähigkeiten verfügen. Doch die Chemie zwischen ihnen und anderen Leuten stimmt nicht. Mit einer sympathischen Ausstrahlung ziehen Sie andere Menschen an, und viele Türen werden sich für Sie öffnen.

Wenn Sie innerlich frei sind, wirken Sie attraktiv, weil Sie unkompliziert sind. Daher ist es so wichtig, sich gut um Ihr Innenleben zu kümmern. Unkomplizierte Menschen ziehen andere an, komplizierte Leute stoßen andere ab. Freie Menschen sind unterhaltsam. Sie machen aus einem schlechten Moment einen lustigen; sie verwandeln Spott in Scherze; sie nutzen einen Moment voller Druck, um ihn in etwas Vergnügliches zu verwandeln. Wenn Sie zufrieden sind, ist dies ein klares Signal dafür, dass Sie frei sind.

Eine Studie der Harvard University mit 5000 Leuten, denen gekündigt worden war, hat gezeigt, dass 90 Prozent davon nicht etwa aufgrund mangelnder Fähigkeiten entlassen worden waren, sondern weil sie sich »nicht gut mit ihren Kollegen verstanden hatten«.

Für Menschen, die mit sich im Lot sind, die zu innerer Harmonie gefunden haben, öffnen sich dagegen viele Türen. Wenn es Ihnen gelingt, innere Harmonie zu erreichen, werden sich auch Ihnen viele Türen öffnen.

**Ein letzter Gedanke noch: Glück bedeutet, mit sich selbst im Reinen zu sein. Wenn Sie sich das bewusst machen, müssen Sie von niemandem Besitz ergreifen. Sobald Sie zu innerer Ruhe und Harmonie finden, wird auch Ihr gesamtes Umfeld harmonisch und ausgeglichen sein – Ihr Partner, Ihre Arbeit, Ihre Kinder – da Sie genau diese Gefühle bei den anderen hervorrufen.**